Mi Príncipe vendrá

Sheri Rose SHEPHERD

Vida

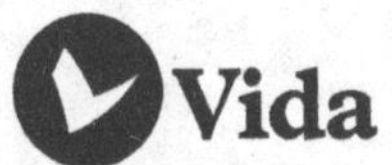

«Sheri Rose Shepherd nos recuerda que el orgullo, la culpa, la falta de diligencia, la codicia, y otros pecados de la carne nos mantienen alejados de la posibilidad de vivir con un objetivo; pero también nos trae a la memoria que se dan verdaderos momentos de coronación cuando ponemos la mirada en la eternidad. Su mensaje constituye un desafío para los lectores: prepararnos para el encuentro con el Príncipe de paz a través de concentrarnos en las cosas que son verdaderamente importantes».

JAMES Y BETTY ROBINSON
LIFE OUTREACH INTERNATIONAL
FORT WORTH, TEXAS

«Esta es una palabra oportuna, atemporal, y que transmite poder para todas las princesas que esperan que Jesús vuelva a buscar a su esposa, y nos exhorta a prepararnos. *Mi Príncipe vendrá* es como un adorno para las hijas de Dios. Cubre la vergüenza con belleza, la desesperanza con visión, y restaura la fortaleza en aquellos lugares en los que se han producido roturas o puntos débiles. Permitamos que la belleza de este libro se derrame sobre nosotras».

LISA BEVERE
ORADORA Y ESCRITORA DEL BESTSELLER
KISSED THE GIRLS AND MADE THEM CRY
[BESÓ A LAS MUCHACHAS Y LAS HIZO LLORAR]

La misión de Editorial Vida es proporcionar
los recursos necesarios a fin de alcanzar a las personas
para Jesucristo y ayudarlas a crecer en su fe.

MI PRÍNCIPE VENDRÁ

501 Nelson Place, Nashville, TN 37214

Originally published in English under the title:
My Prince Will Come by **Sheri Rose Shepherd** Copyright
© 2005 by **Sheri Rose Shepherd**
Published by Multnomah Books
A division of Random House, Inc.
1745 Brodway New York, NY 10091, USA
All non-English language rights are contracted through:
Gospel Literature International
PO Box 4060. Ontario, CA 91761-1003, USA

Traducción: *Silvia Himitian*
Edición: *Virginia Himitian de Griffioen*
Adaptación diseño de cubierta: *Grupo Nivel Uno,Inc.*
Adaptación diseño interior: *Pablo Snyder* & *Co.*

ISBN-13: 978-0-829-77612-6

Categoría: RELIGIÓN / Vida cristiana / Inspiracional

Índice

Nuestro Príncipe vendrá...

Vi además la ciudad santa, la nueva Jerusalén,
que bajaba del cielo, procedente de Dios,
preparada como una novia hermosamente
vestida para su prometido.
APOCALIPSIS 21:2

La novia estaba en pie, estática, mirándose al espejo durante lo que le pareció una eternidad. Se había esmerado mucho en prepararse para este momento. Tanto su cabello como el maquillaje que llevaba eran verdaderas obras de arte, y su vestido se veía imponente. Nunca antes se había sentido tan perfectamente bella. Pero le faltaba algo *todavía*. Algo había salido por completo mal.

¿Dónde estaba su cortejo? ¿Dónde estaban los invitados? ¿No les había dejado en claro a todos que se acercaba el momento, el día más glorioso de todos los tiempos? Le echó una mirada a la lista para confirmar la asistencia de los invitados que tenía a su lado: estaba en blanco. Se volvió hacia la mesa de regalos: estaba vacía, a excepción de una pila de cartas en sobres cerrados. ¿Serían invitaciones para la boda que tendría que haber enviado? No, no podía ser. Estaba segura de haber despachado todas algunas semanas atrás, y había tachado esa tarea de su lista.

La novia revolvió en la pila. Cada una de las cartas estaba dirigida a ella, y todas habían sido enviadas por la misma persona: su prometido. Por supuesto que reconocía su letra. Ella solía leer sus cartas antes, mucho tiempo atrás, pero la vida la había mantenido tan ocupada que realmente no le quedaba un momento para leer esas cartas de él. *Tendré mucho tiempo para conocer a mi marido después de la boda*, pensaba.

La novia examinaba la pila, buscando algo, pero sin saber realmente qué. Lágrimas de decepción le nublaban la vista; se detuvo en una carta en particular. Sus ojos se iluminaron al leer la frase que su Príncipe había escrito en el sobre y que le resultaba tan familiar: «*¡No veo las horas de verte, mi amada princesa! ¡Te amo!*» Una sensación de ansiedad la invadió y comenzó a abrir el sobre. Pero entonces escuchó el sonido de la música más hermosa que jamás hubiera oído. ¡La marcha nupcial había comenzado a ejecutarse! Dejó caer la carta y corrió hacia la gran puerta doble que se abría hacia el santuario. Podía percibir la presencia de su Príncipe en el salón vacío. ¿Dónde estaban sus amigos? ¿Y su familia?

¿No habrían recibido las invitaciones? ¿Estarían demasiado ocupados como para venir? Se debatía en preguntas como esas, sin hallar respuestas, mientras comenzaba a caminar por el pasillo central de un enorme santuario, gloriosamente decorado. Sus ojos lo recorrían todo y absorbían la indescriptible belleza que la rodeaba. Entonces, de repente, todo a su alrededor se desdibujó al vislumbrar su presencia.

¡Se lo veía tan tierno y amoroso, parado al final del pasillo, esperando con paciencia la aproximación de su novia! No había damas de compañía ni padrinos de boda: solo el novio y lo que parecían pilas y pilas de paquetes de regalos. Ella había oído decir que su Príncipe había preparado muchos regalos para el día de la boda, pero lo que veía le parecía abrumador.

Siempre supo que sus emociones la traicionarían el día de su boda, pero no estaba preparada para ese fuerte torrente que llenaba y desbordaba su corazón. A medida que se aproximada al novio, su Príncipe, sentía que su corazón se disparaba y que su rostro se ruborizaba por la vergüenza y la turbación. Sintió de pronto como un golpe, como una puñalada que la atravesaba exponiéndola a la realidad: Él lo había hecho todo por cortejarla, por bendecirla, por cautivar su corazón, por rescatarla... ¡y ella no había hecho nada! No tenía nada para ofrecerle. Ni regalos. Ni invitados. Se había fatigado y esforzado por lograr cosas equivocadas y por razones impropias. La profundidad de su vergüenza era tan intensa que tomó el borde de la falda de su vestido y giró, lista para huir. Entonces sus ojos se cruzaron con los de él.

Y pudo apreciar algo en su mirada que era aun más intenso que su vergüenza, y más poderoso que su sensación de culpa. Ese «algo» era más grande que cualquier otra cosa que hubiera sentido antes. Volvió a girar hacia él y con lentitud continuó caminando por el pasillo. Y entonces sucedió. No de golpe, sino gradualmente. Mientras caminaba, aproximándose a su Príncipe y percibiendo la ternura de sus ojos, su vergüenza comenzó a desvanecerse. Se acercó más y más. Ahora podía verlo. La expresión en el rostro de él era de puro amor, de esa clase de amor que se expresa en estos términos: «Tú eres mía, mi princesa, y nada nos puede separar».

Cuando la novia se aproximó y se detuvo cerca del novio, toda emoción negativa perdió fuerza y se esfumó para no volver jamás. Cada dolor que había cavado cuevas en su alma desapareció para siempre. El Príncipe extendió su mano y tomó la de ella. Parados, uno frente al otro, se dieron cuenta de que la vida por fin era completa y que la alegría de ella era más plena de lo que jamás se habían atrevido a soñar. El Príncipe sonrió y con suavidad enjugó las lágrimas de la mejilla de la novia. Entonces abrazó a su desposada y le dijo: «Nunca vas a llorar otra vez, mi amor. ¡Bienvenida a casa!»

Si conoces a Jesús como tu Salvador, entonces él es tu Príncipe, tú eres su princesa, y esta historia tiene que ver con ese glorioso día que vivirás. Sin embargo, el final de la historia y los frutos que se produzcan para ese día, en cierta medida, dependen de ti, su futura esposa. ¿Estarás preparada, por la gracia de Dios, para encontrarte cara a cara con él en el majestuoso día de su retorno? ¿Estás lista para tu Príncipe? ¿La manera en que vives hoy refleja que le perteneces? ¿Necesitas volver a enamorarte de aquel que dio su vida por ti? ¿Estás lista para descubrir tu propia experiencia de «y fueron felices para siempre»? ¿Necesitas que él se te revele de un modo personal y vivo? ¿Es el deseo de tu corazón vivir una vida apasionadamente centrada en Cristo? ¿Necesitas que él te libere para experimentar la completa libertad que ya ha ganado para ti?

Si tu respuesta a cualquiera de estas preguntas, o a todas, es sí, entonces te invito a que te sientes y leas acerca de la más grande historia de amor jamás contada, que fue escrita para ti.

¡Descubre de qué manera puedes prepararte para tu Príncipe!

Con amor,
Tu hermana en Cristo, y su princesa,
Sheri Rose

«Ningún ojo ha visto,
ningún oído ha escuchado,
ninguna mente humana ha concebido
lo que Dios ha preparado
para quienes lo aman».
1 Corintios 2:9

El momento de la coronación

ASUMIR LA POSICIÓN DE REALEZA

Las luces brillaban con fuerza, cegándome. Mi corazón latía acelerado, mientras me encontraba parada allí, mirando fijo a ese auditorio lleno de ansiosos extraños que querían ver quién se llevaba la corona. Entremezcladas entre esas dos mil personas que conformaban la audiencia, se hallaban los preciosos miembros de mi familia y mis amigos, que sabían todo lo que yo había tenido que superar en mi vida, con la ayuda de Dios, y el milagro que constituía que estuviera parada en aquel escenario.

Mientras aguardaba el gran anuncio, comencé a preguntarme: *¿Es esto lo que en realidad necesito y deseo? ¿Ganar una corona terrenal?* Mientras le acercaban al maestro de ceremonias el sobre que contenía el nombre de la ganadora, eché una mirada al panel de jueces. ¿Voy a fundamentar mi autoestima en la evaluación que estas personas hagan de mí? Entonces mis ojos se posaron en las otras mujeres que competían por esa corona. Cada una de ellas debía tener una historia para contar, y algo que transmitir al resto del mundo si resultaba ganadora. De alguna manera no me parecía correcto que solo una de nosotras fuera la elegida. Cada una deseaba lograr que le colocaran la corona en la cabeza, algo simbólico que la haría sentir especial. Entonces, llegó el momento de la coronación.

La cuenta regresiva comenzó con la cuarta finalista. Tenía un nudo en el estómago cuando el maestro de ceremonia anunció pausadamente la decisión del jurado. Cada vez que se nombraba a una de las finalistas, las que habíamos quedado sobre el escenario nos sentíamos invadidas por la temblorosa esperanza de ser la ganadora, pero a la vez experimentábamos un temor al rechazo que no podíamos ignorar.

Entonces sucedió: ¡el momento de mi coronación, ese momento de confirmación con el que había soñado la mayor parte de mi vida! El maestro de ceremonia me anunció con el título de *Señora Estados Unidos 1994* (Mrs. United States 1994). Desbordante de alegría, lloraba mientras me colocaban en la cabeza esa corona terrenal y me acomodaban la banda bordada en piedras. Las cámaras se encendieron, la gente aplaudió, y las otras muchachas me rodearon para celebrar mi victoria. Fue uno de esos momentos de la vida que no se pueden describir con palabras.

Pero cuando se apagaron las luces de las cámaras, la gente salió del auditorio dejándolo vacío y la celebración acabó, yo volví a mi cuarto de hotel. Me quité la corona y la coloque sobre la mesa, al lado de la ventana. Apagué las luces y percibí en la corona de cristal los destellos que se producían por el reflejo de la luna llena y las brillantes luces de Las Vegas.

Al mirar la hermosa corona que tanto había anhelado, comencé a pensar en mi Señor y recordé la noche en que, en mi hora más oscura, él me había coronado con su tierno amor y misericordia. Había sucedido diez años atrás en un cuarto de hotel diferente de este, cuando yo me hallaba ansiosa y desesperada por encontrar alguien o algo que llenara mi alma vacía.

En aquel momento de mi vida, yo tenía todo lo que podría haber significado felicidad y plenitud. Ya no era adicta a las drogas, había perdido casi treinta kilos, y era dueña de un negocio propio. Tenía dinero, éxito, títulos de belleza, novios, linda ropa, y la aprobación de la gente por todo lo que había superado.

Conducía un excelente automóvil y tenía mi agenda llena de citas para recorrer lugares y encontrarme con diferentes personas. Sin embargo, todas las noches lloraba hasta quedarme dormida y luchaba contra la depresión y contra un desorden alimentario conocido como bulimia. Mirado desde afuera, parecía que había alcanzado los mayores logros, pero dentro de mí todo se desintegraba. Cuando estaba en medio de un grupo me sentía sola y vacía. No podía encontrar nada ni nadie que llenara ese profundo espacio solitario de mi corazón. Quería morir.

Sintiendo que no había nada por lo cual vivir, decidí que no podía continuar soportándolo. Me fui a un hotel y tomé un cuarto. El plan era acabar con mi vida ingiriendo una sobredosis de pastillas para dormir. Sin embargo, en ese momento, mi momento más desesperado, clamé a Dios. Él era mi última esperanza. Escuchó mi clamor y me rescató antes de que acabara con mi vida. En ese instante, en la habitación de aquel hotel, realmente percibí la santa presencia de Dios conmigo. Y por primera vez en mi vida no me sentí sola sino amada y en paz.

Nuestro Dios promete que si lo buscamos con todo nuestro corazón, lo *encontraremos*. Yo descubrí la veracidad de esa promesa. Cuando clame a Dios esa noche, él me dio la mayor corona de todas. No era una corona de las que los hombres otorgan, sino la corona de vida, de vida eterna, concedida por Dios. Él restauró mi alma y me dio todo lo que yo buscaba con desesperación: amor, gozo, paz interior y un objetivo para vivir. Sinceramente puedo decir que, con todo lo fascinante que resultó para mí el ganar una corona nacional, ese acontecimiento maravilloso se opaca en comparación con la noche en la que el Rey me dio la bienvenida dentro de su familia como a una hija bienamada.

- La *pérdida de peso* podía cambiar mi cuerpo; pero no podía cambiar mi vida.
- El *dinero* podía comprar cosas; pero no podía comprar la paz interior.
- El *éxito* podría hacer que lograra la alabanza de la gente, pero no podía sanar mi corazón.

Si Jesús es tu Salvador, entonces tú has sido elegida como hija del Rey de reyes. Has recibido una corona sorprendente: la corona de la vida eterna. Llevas puesta sobre ti la banda más importante de todas: la banda en la que está escrito su nombre. Y puede ser que algunas personas solo lleguen a ver a Jesús a través de ti. Sí, tú tienes una responsabilidad que corresponde a tu condición real: la de honrar a tu Rey viviendo para él. Tú tienes poder dentro de ti, el mismo Espíritu del Rey, como para hacer grandes cosas a favor de su Reino eterno, pero

¿De qué vale ser una princesa
si nunca asumes
tu posición de realeza en esta vida?

Yo creo que si el Señor personalizara el versículo de Juan 15:16 en una carta de amor para ti, esa nota afectuosa podría decir algo así:

CARTA DE AMOR PARA SU PRINCESA

Mi princesa:

Te elegí desde antes de la fundación del mundo para ser mi princesa. Tú perteneces a la realeza aun cuando a veces no te sientas una princesa. Te esperaré hasta que estés lista para comenzar a vivir los maravillosos planes que tengo para ti. Sé que tú no sabes dónde comenzar o de qué manera vivir como la princesa que te he llamado a ser, así que permíteme enseñarte día a día.

Empieza por reconocer quién soy yo: el Rey de reyes, el Señor de los señores, y el que ama tu alma. Cuando nosotros dos comencemos a encontrarnos solos cada día, yo te iré mostrando la forma de vivir como mi princesa elegida. Pero recuerda, hija mía, que así como yo te he elegido, también te he dado la posibilidad de elegir si quieres o no representarme delante del mundo. Si estás dispuesta, estoy aquí para darte todo lo que necesitas para cumplir con ese llamado real.

Con amor,

Tu Rey, el que te ha elegido

No me escogieron ustedes a mí,
sino que yo los escogí a ustedes
y los comisioné para que vayan y den fruto,
un fruto que perdure.
Así el Padre les dará todo
lo que le pidan en mi nombre.
Juan 15:16

LOS VERDADEROS MOMENTOS DE CORONACIÓN

Los verdaderos momentos de coronación en la vida no son esos que destacan lo que hemos logrado por nosotras mismas. Si lo analizamos un poco, una vez que nos vayamos de este mundo, nadie nos recordará por la ropa que hayamos usado, por cuántos kilos hayamos pesado, por la casa en la que hayamos vivido o por nuestros títulos. Los verdaderos momentos de coronación en la vida son aquellos que hacen que los ojos de la gente se enfoquen hacia nuestro Rey y no hacia nosotros.

La vida me ha enseñado que:

- nuestro carácter, y *no* nuestra apariencia,
- nuestras elecciones, y *no* nuestras posesiones,
- nuestro valor, y *no* nuestra comodidad,

- nuestra compasión, y *no* nuestro éxito,

...es lo que realmente tiene importancia en esta vida. Esos atributos prueban que somos sus princesas. Esas son las joyas que realmente van a atesorar aquellos que conocemos y los seres que amamos cuando nosotras hayamos partido.

SU PRINCESA EN ACCIÓN

Yo tuve el privilegio de conocer a una verdadera princesa del Rey. Su nombre era Rachael, y cuando tenía trece años, los médicos le dijeron que el cáncer acabaría con su vida en unas ocho semanas. Cuando la llamé para orar con ella, me dijo; «¿Quisieras orar para que antes de morir pueda hablarle de Jesús a toda mi escuela secundaria?» Así que oré según su pedido, y cuando acabó la comunicación telefónica, lloré. El último deseo de Rachael, el gran deseo de su corazón, no tenía que ver con ella misma sino con otros. Se preocupaba más por la vida eterna de los demás que por el hecho de que su propia existencia terrenal estaba llegando a su fin. Rachael tenía una perspectiva eterna de la vida, y se entregaba enteramente a representar a su Rey y a transmitir su verdad, a pesar de las circunstancias.

Los médicos le pronosticaron a Rachael ocho semanas, pero Dios le dio tres años para vivir según su propósito y representarlo dentro de las instalaciones de su escuela. El día de su cumpleaños número dieciséis, anunció: «Estoy lista para ir a mi hogar con el Señor. He acabado lo que él me mandó hacer aquí». El cáncer le había dado a Rachael una manera de comunicarse muy especial, que era difícil de ignorar dentro de la escuela. Sus profesores y compañeros no podía entender la razón por la que esa muchacha que pronto iba a morir, se preocupara más por la vida eterna de ellos que por su propia vida física. Nunca se nos presenta una mayor oportunidad para brillar para nuestro Rey como cuando las circunstancias parecen desesperadas desde la perspectiva humana.

Cuando vio que se acercaba el fin de su vida sobre esta tierra, Rachael le hizo un pedido muy importante al rector de su escuela. Le pidió que todo el estudiantado asistiera a su funeral, y Dios le concedió su gracia al hablar con él. El rector alquiló autobuses para todos aquellos que quisieran asistir al servicio religioso en memoria de Rachael durante las horas de clase. Yo tuve el honor de encontrarme entre los presentes. La iglesia desbordaba de gente. Me gocé al ver descender de los autobuses a aquellos adolescentes procedentes de distintos trasfondos, y entrar en la iglesia. Supe que Dios había respondido la oración de Rachael. Logró hablarle de Jesús a toda su escuela secundaria, y esta carta que su pastor leyó fue realmente clave en cuanto a esto.

> *Queridos amigos:*
>
> *Por favor, no se entristezcan por mí hoy, porque estoy en un lugar donde ya no existen ni la enfermedad, ni la muerte, ni las lágrimas. Estoy en el cielo, y mi oración por ustedes es que pueda verlos algún día allí. Jesucristo, mi Salvador, ha preparado un camino para que ustedes puedan llegar al cielo…*
>
> *Con todo amor,*
> *Rachael*

Cuando el pastor acabó de leer la carta de Rachael, invitó a la gente a pasar adelante y pedir a Jesús que entrara en sus corazones. Cientos de estudiantes secundarios caminaron por los pasillos hasta la parte de delante de la iglesia, se arrodillaron junto al cajón de Rachael, y recibieron la corona de la vida. La verdad es que la muerte no representa el final para una princesa del Señor, y Rachael vivió de acuerdo con esa verdad mientras era observada por toda su escuela secundaria. Nuestro Dios puede hacer abundantemente más que todo aquello que nos atrevemos a pedir, esperar o soñar, y eso es lo que hizo en la vida de Rachael. Una de las preciosas princesas de Dios, que tenía un cáncer, pudo conducir a cientos de personas a su Rey. Me pregunto cuántos de esos alumnos volvieron a su hogar para hablarles a sus padres acerca de Jesús. Me pregunto cuántos de ellos, al crecer, se convertirán en líderes espirituales en sus propios hogares o tal vez en pastores, maestros o evangelistas.

Tomémonos un momento para preguntarnos:

- ¿Por qué cosas seré recordada cuando parta de este mundo?
- ¿Qué contribución he hecho a la vida de aquellos a los que amo?
- ¿Por qué cosa me gustaría ser recordada?

La manera en que vivamos hoy determinará el legado que dejemos tras nosotros.

Si eres cristiana pero nunca le has pedido específicamente a Dios que te use para el adelantamiento de su Reino, quiero animarte a que te detengas un momento y hagas esta oración.

LA ORACIÓN DE SU PRINCESA

Señor,

Tu Palabra me dice que no oculte la luz eterna que has colocado en mí. Lamento las veces que he hecho precisamente eso. Pero, a partir de ahora, quiero que otros conozcan la esperanza que tú me has dado. Quiero tener la intrepidez de arder con todo esplendor para ti en medio de este mundo en tinieblas. Por favor, ayúdame a no esconderme más detrás de mi temor por lo que otros puedan pensar. Concédeme que mi vida pueda reflejar ante el mundo que soy tuya. Enséñame a través de tu Palabra a vivir como una hija tuya. Estoy dispuesta a representarte.

En el nombre de Jesús, amén.

NUESTRO REY NOS SACA DE LO ORDINARIO PARA LLEVARNOS A LO EXTRAORDINARIO

La reina Ester no era diferente de ti o de mí. No tenía una procedencia de sangre real, y sin embargo es una de las más grandes mujeres de la historia bíblica.

No fue una corona terrenal la que llevó a Ester a gozar del favor del rey Asuero, ni la que le otorgó el poder para salvar a su pueblo. Fueron su carácter, su valor, y su amor a Dios lo que le permitieron hacer algo grande a favor de su Reino. Ella sentía tanta compasión por su pueblo y tal pasión por su llamado, que voluntariamente arriesgó su vida al presentarse delante del rey y abogar por lo que consideraba recto y justo. La valentía de Ester provocó respeto en el rey y una disposición a escucharla; y el coraje de ella y su amor por otros cambió la historia.

Si elegimos como Ester, vivir ante una audiencia de una sola persona (aquel que realmente nos ama), entonces experimentaremos momentos de coronación a diario. Ester cumplió con su llamado real, y también podemos hacerlo nosotras. Servimos al mismo Rey que ella, el mismo Rey que le dio a la reina Ester todo lo que necesitaba para cumplir su objetivo. Pero no podemos vivir como princesas del Señor en nuestras propias fuerzas. Tenemos que pedir a nuestro Rey que nos corone, como lo hizo con Ester, de…

- COMPASIÓN por otros,
- VALOR para abogar por la justicia,
- CONVICCCIÓN para vivir para Cristo,
- CARÁCTER que refleje que Jesús vive en nosotras.

ENTREGA en respuesta a su llamado.

El SEÑOR le respondió a Moisés:
—¿Acaso el poder del SEÑOR es limitado?
¡Pues ahora verás si te cumplo o no mi palabra!
NÚMEROS 11:23

Recibiremos todo lo que pidamos de acuerdo con la voluntad de Dios, y es su voluntad que las virtudes antes mencionadas formen parte de lo que somos. Nuestro Rey sabe darles a sus princesas lo mejor para reconstituir sus personas. Él tiene los *verdaderos* secretos de belleza. Si le pedimos, él nos dará...

Un corazón hermoso, lleno de su amor y libre para amar a los demás
No hay nada más hermoso que una mujer que ama al Señor con todo su corazón y que se siente libre para brindar su amor a otros. Una misionera de setenta años, que amaba al Señor con todo su corazón, fue la que me llevó a tener sed por el amor de Dios. Para mí ella es más hermosa que cualquier modelo de las que aparecen en las tapas de las revistas, porque el amor de Dios que reflejan sus ojos es algo que ni el mejor maquillador puede llegar a crear. El amor puro y libre de egoísmos solo puede darse a través del poder del

Espíritu Santo que opera en nosotros. Si permitimos que el amor de nuestro Rey se acumule profundamente dentro de nuestra alma y aceptamos su perdón, nos volveremos expertas en el arte de amar a otros.

Que por fe Cristo habite en sus corazones.
Y pido que, arraigados y cimentados en amor,
puedan comprender, junto con todos los santos,
cuán ancho y largo, alto y profundo es el amor de
Cristo; en fin, que conozcan ese amor que sobrepasa
nuestro conocimiento, para que sean llenos
de la plenitud de Dios.
Efesios 3:17-19

Una mente hermosa, centrada en su propósito

Este mundo nubla nuestra mente con muchas cosas para alejarnos del propósito divino. Casi todo lo que vemos y leemos nos causa una confusión total. Lo notamos mirando alrededor: la gente está perdida, buscando cualquier cosa que pueda darle sentido a la vida. Lamentablemente, ellos están dispuestos a hacer lo que sea que les proporcione algo parecido a la paz. Cuando dedicamos tiempo a leer la Palabra y a orar, nuestro Rey clarifica toda la confusión que el mundo nos produce. Nos ayuda a vivir con paz en nuestros corazones y nos provee objetivos para vivir más allá del hoy. No necesitamos vagar por ahí, sin metas, en la búsqueda de un sentido para la vida. Tenemos todo lo que necesitamos porque pertenecemos al Rey y él prodiga todos los dones del Espíritu a sus amadas hijas. Las personas más ricas y famosas del mundo cambiarían todo lo que poseen por aquello que nosotras tenemos: el poder, el propósito y la paz interior que Dios nos ha dado y con los que fuimos bendecidas el día en que nos encontramos con el Rey y nos convertimos en sus princesas.

Pero los planes del SEÑOR
quedan firmes para siempre;
los designios de su mente son eternos.
SALMO 33:11

Labios hermosos, que pronuncien palabras de sabiduría, aliento y vida

¡Qué bendecidas somos al poder decir con nuestra boca palabras de vida a un mundo que perece! Es un tremendo privilegio. Nuestro Rey nos ha hecho con labios hermosos para que hablemos palabras de vida a un mundo que necesita escuchar sobre la esperanza que él da. ¿No resulta asombroso que a nosotras, sus elegidas, se nos haya concedido el honor de impactar la vida de la gente para siempre a través de nuestras palabras?

Debido a que se nos ha dado el don de transmitir vida cuando hablamos, debemos pedirle a nuestro Señor que unja cada día nuestros labios y que ponga un guarda sobre nuestra boca. Es cuando hablamos su Palabra que nuestras bocas transmiten obras maestras. El mundo está aguardando que sus princesas impartan esperanza y aliento a las vidas. Pidamos al Rey que nos dé las palabras que necesitamos para cada una de las circunstancias en particular, y que él llene nuestra boca de manera que nos sorprenda aun a nosotras.

El SEÑOR omnipotente me ha concedido
tener una lengua instruida,
para sostener con mi palabra al fatigado.
Todas las mañanas me despierta,
y también me despierta el oído,
para que escuche como los discípulos.
ISAÍAS 50:4

Hermosos pies, que caminen con Dios y guíen a otros a alcanzar la corona de vida

¡Qué hermosa visión es contemplar a una mujer que camina con el Señor todos los días, una mujer cuya vida lleva a otros a acercarse al Rey! Cuando caminamos por la vida con confianza en Dios, nos mantenemos fuertes como nuestro amado rey David, que tuvo que atravesar por momentos de sufrimiento, por situaciones en las que eligió mal, sufrir la persecución y el éxito; pero que sin embargo esta considerado por la historia bíblica como un hombre según el corazón de Dios. Todos nos enfrentamos con gigantes que intentan aniquilar nuestra confianza. Pero, en tanto que caminemos junto a nuestro Rey, «no prevalecerá ningun arma que se forje contra (nosotras)», porque somos sus princesas, y hemos sido puestas para guiar a otros a la cruz a través del camino de excelencia que encontramos en su Palabra.

¡Qué hermosos son, sobre los montes,
los pies del que trae buenas nuevas;
del que proclama la paz, del que anuncia
buenas noticias, del que proclama la salvación,
del que dice a Sión: «Tu Dios reina»!
ISAÍAS 52:7

Hermosas manos, que alcancen a aquellos que están en necesidad

Nosotros somos las manos de Dios en este mundo y él transmite su amor a través de nuestros actos de bondad y generosidad. La manicura más cara del mundo no puede lograr igualar la belleza de las manos de una mujer que se toma el tiempo de ocuparse de otros. Nuestras manos se vuelven realmente hermosas solo cuando realizan la obra del Señor. Lo sorprendente acerca de servir a otros es que cuando una mujer toca a alguien con su vida, comienza a sentirse hermosa porque se constituye en una bendición. Y no hay muchas cosas que nos hagan sentir tan hermosas como el saber que nuestro Rey nos ha usado como un canal de su amor y de su gracia.

Tiende la mano al pobre,
y con ella sostiene al necesitado
[sea en su cuerpo, mente o espíritu].
Proverbios 31:20

Ojos hermosos, que perciben desde una perspectiva eterna aquello que es más importante

Cuando tenemos una concepción eterna de nuestras vidas, el diablo pierde su poder para derrotarnos. Sabemos que podemos conquistar cualquier cosa teniendo a Dios de nuestro lado; sabemos que podemos sobrevivir a las circunstancias más dolorosas o que implican un mayor desafío cuando entendemos que cualquier situación aquí sobre la tierra es temporal. Aun así, sufriremos las heridas y las decepciones que la vida de por sí trae, pero al mismo tiempo tendremos el poder y la paz de Dios que nos permiten manejar cualquier cosa que esta efímera vida arroje a nuestro paso. Sabemos que nuestra verdadera ciudadanía está en los cielos.

Pensemos en ciertos problemas que nos pueden suceder, como por ejemplo que algo se complique durante las vacaciones. Cuando todo sale mal, encontramos consuelo y alivio al saber que pronto volveremos a nuestro hogar. Eso también nos sucede en la trayectoria espiritual que realizamos con nuestro Rey. Si sabemos que nuestra verdadera ciudadanía está en los cielos, nos mantenemos concentrados en el propósito por el que estamos aquí y nuestro sufrimiento o problemas se desdibujan al ser comparados con las cosas futuras que nos esperan en el cielo, nuestro verdadero hogar.

Por tanto, no nos desanimamos. Al contrario,
aunque por fuera nos vamos desgastando,
por dentro nos vamos renovando día tras día.
Pues los sufrimientos ligeros y efímeros
que ahora padecemos producen una gloria eterna
que vale muchísimo más que todo sufrimiento.
Así que no nos fijamos en lo visible
sino en lo invisible, ya que lo que se ve es pasajero,
mientras que lo que no se ve es eterno.
2 CORINTIOS 4:16-18

UNA HERMOSA VIDA QUE SERÁ RECORDADA POR SIEMPRE

¡Qué aliento nos es el saber que lo que hacemos a favor de su Reino mientras estamos aquí nunca quedará en el olvido! Porque la belleza que Dios nos da resulta irresistible para el mundo. Cuando sinceramente le pedimos a nuestro Rey que nos ayude a actuar como sus princesas, la gente no puede evitar el permanecer bajo la influencia de nuestra manera de vivir. Nos hace brillar en la oscuridad del mundo, no porque seamos perfectas sino porque estamos entregadas a él. La belleza terrenal se desvanece y nuestra apariencia no causará ningún impacto sobre la eternidad. En Génesis 3:19, la Palabra nos advierte acerca de esta verdad: «Porque polvo eres, y al polvo volverás». Pero nuestras buenas obras serán valoradas por muchas generaciones. Nuestro Rey nota lo que hacemos por él aun cuando el mundo no se pare a aplaudirnos. ¡Qué bendición es formar parte del gran plan de Dios ahora y por la eternidad!

¡Aleluya! ¡Alabado sea el Señor!
Dichoso el que teme al Señor,
el que halla gran deleite en sus mandamientos.
Sus hijos dominarán el país;
la descendencia de los justos será bendecida.

En su casa habrá abundantes riquezas,
y para siempre permanecerá su justicia.
SALMO 112:1-3

NO PIERDAS EL MOMENTO DE TU CORONACIÓN; ¡NUESTRO REINADO ES AHORA!

Hemos sido coronadas de perdón, salvación y aceptación en el reino de Dios. Porque su Espíritu está en nosotras, somos adornadas hoy con su belleza. Ahora es el tiempo de brillar para él; ¡así que no perdamos ni un momento, para que hagamos todo lo que él ha programado para nosotras! Recordemos que así como colocó a la reina Ester en la corte del rey Asuero, para que ella pudiera salvar a su pueblo, nuestro Rey celestial nos ha puesto en determinados lugares para salvar a aquellos que todavía no lo conocen. Hemos sido convocadas a ser sus princesas en un tiempo como este. ¡Nuestro reinado es ahora! Colócate la corona que Dios ha determinado para ti y asume tu condición real.

Pero ustedes son linaje escogido, real sacerdocio,
nación santa, pueblo que pertenece a Dios,
para que proclamen las obras maravillosas de aquel
que los llamó de las tinieblas a su luz admirable.

Ustedes antes ni siquiera eran pueblo, pero ahora
son pueblo de Dios; antes no habían recibido
misericordia, pero ahora ya la han recibido.
Queridos hermanos, les ruego como a extranjeros
y peregrinos en este mundo, que se aparten
de los deseos pecaminosos que combaten contra la vida.
Mantengan entre los incrédulos una conducta tan
ejemplar, que aunque los acusen de hacer el mal,
ellos observen las buenas obras de ustedes y glorifiquen
a Dios en el día de la salvación.

1 Pedro 2:9-12

SU PRINCESA EN ACCIÓN

1. No usaremos una corona dorada ni llevaremos un cetro al realizar lo que Dios nos ha llamado a hacer; además, el llamado real no tiene nada que ver con nuestros logros. Nuestro Príncipe lo ha hecho todo: Murió en una cruz por nuestros pecados para que pudiésemos comenzar a reinar eternamente ya desde la tierra. Nuestro reinado tiene que ver con la confianza que pongamos en nuestro Rey y con invertir en la eternidad nuestro tiempo y los talentos que Dios nos ha dado.
2. Tú y yo hemos llegado a este mundo sin nada, y lo abandonaremos sin nada, a excepción de nuestro legado, que son aquellos que

hemos conducido al Señor. Lo único significativo que dejaremos detrás de nosotras es nuestro testimonio a favor de Jesús y el recuerdo de una existencia vivida en la fe de su nombre. Así que no permitas que el diablo te distraiga ni por un momento. Elige llevar una vida significativa para la eternidad. No permitas que nada ni nadie te aparte de tu llamado. Y recuerda que no era la corona que llevaba en la cabeza lo que hizo de Ester una gran reina. Fue su corazón inclinado hacia Dios y hacia su pueblo, y su disposición a servirlo. Vive de la misma manera para tu Rey, y él te coronara con su gloria para que todos vean que eres suya.

3. El amar a Dios y el amar a los otros siempre nos colocará en puestos de influencia. El mundo busca una fe real en el Dios verdadero. Así que, ¡brilla para tu Rey desde ahora!

Recuerda lo siguiente:

Una princesa mundana se glorifica a sí misma	Una princesa del Rey lo glorifica a él
Una princesa mundana se preocupa por sus propias necesidades y deseos	Una princesa del Rey se preocupa más por las necesidades de otros
Una princesa mundana será conocida por su manera confortable de vivir	Una princesa del Rey será recordada por su carácter y valor
Una princesa mundana invierte su tiempo y talentos en el aquí y ahora	Una princesa del Rey invierte en la eternidad
El reino de una princesa mundana, centrado en ella misma, llegará a su fin	El reino de una princesa del Rey, centrado en Dios, durará para siempre

Cualquiera puede elegir ser una princesa mundana, pero tú has sido seleccionada por el Rey para ser su princesa. Así que ¡asume tu posición real a partir de hoy!

LAS PRINCESAS NO SON PERFECTAS, ASÍ QUE QUITÉMONOS ESA PRESIÓN

Sé lo difícil que es pensar de uno mismo asumiendo una posición de realeza. ¡Cada una de nosotras conoce sus debilidades e imperfecciones demasiado bien! Así que permíteme quitarte esa presión. Ningún hombre o mujer de la Biblia o de la historia cristiana, ningún creyente que haya hecho algo significativo para el progreso del reino de Dios, ha vivido una existencia perfecta. La clave de que hayan logrado algo significativo para Dios está en el hecho de que amaban al Señor. Estaban entregados a él y a responder al llamado que tenían sobre sus vidas a pesar de sus fracasos, de sus circunstancias difíciles o de la gente que los hubiese herido o desalentado.

Dios no está buscando princesas perfectas que hagan su obra sobre la tierra. Lo que busca es compromiso con él en nuestros corazones. Resulta verdaderamente maravilloso que no tengamos que ser perfectas para convertirnos en las princesas de nuestro Rey o para obtener su amor y aprobación. Nuestro Rey nos ama a pesar de que hayamos caído muchas veces. Aun más, él está siempre allí para levantarnos, sanar nuestros corazones, y ayudarnos a iniciar de nuevo el camino.

Porque siete veces podrá caer el justo,
pero otras tantas se levantará.
Proverbios 24:16

Tenía dieciocho años cuando entré por primera vez en un concurso de belleza y competí por la corona de la Señorita San José. Mi padre era un disc-jockey de Hollywood que organizaba concursos de belleza cuando yo era niña. Así que yo pasaba mucho tiempo mirando a las chicas caminar por los pasillos y hacer el famoso saludo de los concursos. Y ahora tenía que hacerlo yo; habiendo perdido casi treinta kilos para enfrentar esa competencia, me sentía especialmente entusiasmada por el desfile con trajes de noche.

Estaba vestida y lista para caminar por ese pasillo glamoroso. Hice el acostumbrado saludo, y con una amplia sonrisa, me deslicé con gracia hacia el jurado. Me sentía muy agraciada, vestida con ese modelo elegante, hermosos zapatos, y mi nueva silueta estilizada. ¡Hasta que me caí del escenario justo sobre la mesa del jurado. Todo el auditorio quedó pasmado. Pero allí, con la cara contra la mesa, ¿saben en qué pensaba? ¡En que aun así quería ganar!

La verdad es que todas caemos en algún momento de la vida. A veces otra persona nos derriba. En ocasiones, nosotras mismas somos la causa del fracaso, por desobedecer a nuestro Rey. Y he descubierto que todas queremos ganar, y podemos hacerlo a pesar de nuestras caídas, si le permitimos al Señor que nos ayude a ponernos de pie nuevamente.

Así que no permitas que nadie te diga que Dios no puede redimirte de aquello que has hecho. ¡Tú has nacido de nuevo para obtener victoria en todas las áreas de la vida! Pídele al Señor que te ayude a ponerte en pie, permítele manejar aquello que te mantiene en el suelo, ¡y saldrás vencedora!

Bueno, yo deseaba ganar la corona de Señorita San José, así que salí de encima de la mesa del jurado, volví a subir al escenario, y dije con desparpajo: «Solo quería asegurarme de que me recordaran». La audiencia se puso en pie y aplaudió vivamente. Crease o no, acabé ganando la corona esa noche. Luego del concurso, los jurados se acercaron a mí y me dijeron que me habían elegido porque quedaron impresionados por la forma en que me había recuperado de la caída.

No conocía al Señor entonces, pero lo conozco ahora. Tuve una tremenda caída durante el concurso, pero he tenido muchas caídas peores desde aquel momento tan embarazoso. Esas caídas no solo me hirieron a mí sino también a otros. Pero cada vez que pensé *No puedo volver a levantarme*, clamé a mi Rey. Siempre me escuchó, y siempre extendió su mano para colocarme en pie nuevamente, a fin de que pudiera continuar reinando con él.

Te cuento acerca de mi concurso de la Señorita San José porque aprendí una lección muy importante para mi vida en esa noche. Descubrí que no solamente es nuestra manera de actuar lo que marca una diferencia en la vida; también el modo en que elegimos reaccionar ante el sufrimiento, la decepción y el rechazo determina que nos convirtamos en ganadoras o perdedoras. Sin embargo, la buena noticia es que si no hemos reaccionado en la forma correcta, podemos ir al Rey, arrepentirnos y orar pidiendo sabiduría para saber qué hacer de allí en más.

Tengamos en cuenta que no hay una sola alma sobre la tierra que no haya experimentado el fracaso, la decepción y el desaliento. Pero la buena noticia es que nuestro Rey es capaz de obrar de forma extraordinaria más allá de lo que nos atrevemos a pedir, esperar o soñar (Efesios 3:20).

Recordemos al rey David. Cuando era apenas un pastorcito, su padre, Isaí, ni siquiera lo consideró como candidato cuando el profeta Samuel le dijo que uno de sus hijos sería el rey de Israel. Sin embargo, fue ese joven pastor el que tuvo la fe y el coraje para salir al campo de batalla y enfrentar a Goliat. Y David le hizo frente al gigante, que estaba armado, con nada más que algunas piedras, una honda… ¡y su Dios!

Se trata del mismo rey David que años después no tuvo fuerzas para huir de la tentación. Tomó la esposa de otro hombre, y luego, para cubrir su pecado, hizo matar a ese marido que era uno de sus soldados. El mismo Dios que le dio a David la fortaleza para matar a Goliat es el que le perdonó su pecado. Y su redención no acabó allí. La misma mujer con la que David adulteró fue la madre del rey Salomón, el hombre más sabio que jamás haya vivido.

Toma un momento para hacer esta oración:

La oración de su princesa

Amado Jesús:

Confieso que soy débil sin ti. También confieso mi falta de entrega a tu llamado sobre mi vida. Por favor, perdóname. Y ayúdame a confiar más en ti. Recuérdame, Señor, lo poderoso que eres en comparación con cualquier gigante, interno o externo, que yo deba enfrentar. Dame la fortaleza de levantarme cuando caigo y el valor de sostener lo que es correcto ante tus ojos. Reafirmo en este día mi compromiso de caminar contigo y te pido que me proveas todo lo que necesito para acabar con firmeza esta carrera de la fe.

Te lo pido en el nombre de Jesús. Amén.

Con esta oración, acabas de cimentar, o tal vez de cambiar completamente, el curso que seguirá tu *vida espiritual* desde ahora.

NO DEJES PASAR TU MOMENTO DE CORONACIÓN

La primera vez que fui invitada a contar mi historia, me sentía completamente falta de calificación para hablar, en particular porque debía hacerlo frente a cuatrocientas mujeres líderes en el ministerio. *Cada una de ellas debe ser una mujer libre del pecado, o no estaría en esa posición de liderazgo*, pensaba. En aquel entonces no estaba familiarizada con las verdades de la Escritura que señalan que todos hemos pecado y estamos destituidos de la gloria de Dios [Romanos 3:32].

La invitación a hablar en público provino de una mujer que me humilló por completo en la mesa, delante de los profesores de Biblia de mi marido. Yo estaba en ese lugar, disfrutando de la compañía que me había tocado y de las conversaciones, cuando esta mujer dijo en voz alta: «He oído que eras gorda, judía y drogadicta. ¿Cómo es que lograste hacerte cristiana?» Por supuesto, todos lo ojos de repente se posaron sobre mí. Esas personas querían escuchar los detalles más jugosos de mi vida, y me sentí presionada a contar mi testimonio. Cuando acabé, deseaba salir corriendo de ese cuarto lo más rápidamente que mis pies pudieran llevarme, ¡y no volver a ver a esa gente nunca más!

No me di cuenta de que esa noche tan embarazosa había constituido el momento de coronación en el que Dios dio origen a mi ministerio como oradora. La misma mujer que me había humillado durante la cena luego me invitó a contar mi historia delante de ese grupo de líderes cristianas. Dios tiene extrañas maneras de llamarnos a cada uno de nosotros, pero si pudiéramos comprender fácil y completamente todos sus caminos, entonces no necesitaríamos la fe ni la confianza. Ahora me encanta contar mi historia con respecto a la bondad de Dios y su redención, pero hubiera perdido la oportunidad de hacerlo si hubiera permitido que mi propia inseguridad y mi enojo con esa mujer me lo impidieran, interfiriendo en el camino de la voluntad de Dios para mi vida.

¡Así que no dudes de Dios! Él nos ha elegido a ti y a mí para ser sus princesas, y tenemos que creer lo que él dice. Hemos sido llamadas a hacer algo significativo mientras estamos en el mundo y a trabajar por el avance de su Reino. La forma en que esta verdad se vaya desarrollando en nuestra vida depende de nuestro Rey. Debemos marchar con confianza en él, y no en nosotras mismas. Si verdaderamente queremos que nuestras vidas produzcan algo significativo para la eternidad, entonces debemos comenzar a actuar y a vivir como sus princesas, para no perder el momento de nuestra coronación. No esperes hasta poder descubrir cuál es su llamado específico para ti. En lugar de eso, comienza a poner por obra lo que sabes que él requiere de todos nosotros: vivir de acuerdo con su Palabra y confiar en que él nos mostrará con claridad los próximos pasos en su tiempo y a su manera, que es perfecta. Después de todo, él es el Rey.

María, la madre de Jesús

Podría haberse perdido el momento de la coronación si hubiera sentido temor por lo que otros (incluyendo su prometido, José) pudieran pensar de ella. Pero esta virgen adolescente dio un paso de fe y creyó que el Espíritu Santo había colocado al Salvador en su vientre. Pudo hacerlo porque su amor por el Señor y su confianza en él eran mayores que su temor al futuro. ¡Qué ejemplo de humildad en el servicio y de gran fe es ella para nosotras, dos mil años después!

Entonces dijo María:
—Mi alma glorifica al Señor,
y mi espíritu se regocija en Dios mi Salvador,
porque se ha dignado a fijarse en su humilde sierva.
Desde ahora me llamarán dichosa
todas las generaciones, porque el Poderoso
ha hecho grandes cosas por mí
¡Santo es su nombre!
LUCAS 1:46-49

El rey David

Pudo haber perdido su momento de coronación si hubiera aprovechado alguna oportunidad para vengarse de Saúl. Hagamos un poco de historia:

Antes de que David fuera coronado rey, Saúl, quien ocupaba el trono en ese momento, se puso tremendamente celoso de él, porque resultaba evidente que el favor de Dios se reposaba sobre ese hermoso y valiente guerrero. Así que Saúl decidió matar a David. Este futuro rey fue arrancado de todos los lugares cómodos a los que estaba acostumbrado y obligado a esconderse en cavernas para proteger su vida. Estoy segura de que David debe haberse preguntado: *¿Realmente puede ser esta la voluntad de Dios para mí?*

Pero en lugar de permitir que sus dudas lo privaran de obedecer al llamado de Dios sobre su vida, David hizo dos cosas que lo prepararon para convertirse en un gran rey. En primer lugar, cambió sus sufrimientos en oración y clamó a Dios a través de sus escritos. Hoy esas oraciones llenas de dolor, que encontramos en el libro de los Salmos, nos enseñan a abrirnos ante nuestro Rey celestial y a ser sinceros con él. En segundo lugar, David resistió la tentación de matar a su enemigo aun cuando en un momento se topó con Saúl dormido. Desde una perspectiva humana, David tenía buenas razones para matar a Saúl. Él le había hecho la vida desgraciada y ahora procuraba matarlo. Saúl perseguía a David sin una causa justa. Aun el hijo de Saúl, Jonatán, se puso del lado de David durante esta cacería. Pero David, el rey que había sido ungido, hizo algo mucho mejor que tomar venganza por propia mano: Se remitió a la voluntad de Dios y obedeció el mandato de no derribar al hombre que el Señor había colocado sobre el trono. El someterse obedientemente a Dios se volvió más importante para David que llevar a cabo una venganza.

Muchas de nosotras nunca experimentaremos la magnitud del tremendo llamado de Dios sobre nuestras vidas hasta que dejemos la venganza en manos de Dios. ¿Existe un rey Saúl en tu vida, alguien a quien tienes que colocar en las manos de Dios aunque tengas sobradas razones para cobrarte una venganza? Sigue el ejemplo del rey David y permite que Dios trate con aquellos que te han causado dolor y sufrimientos. Cuando lo hagas, descubrirás la libertad que proviene de hacer lo correcto ante los ojos de Dios. ¡Él se ocupara de aquellos que han herido a sus hijas!

Permite que te consuelen estas palabras de nuestro Padre celestial, todopoderoso y justo.

No tomen venganza, hermanos míos,
sino dejen el castigo en las manos de Dios,
porque está escrito:
«Mía es la venganza; yo pagaré», dice el Señor.
ROMANOS 12:19

El apóstol Pedro

Pudo haber perdido su momento de coronación a causa del sentimiento de culpa. Pedro amaba apasionadamente a Jesús, pero cuando llego tiempo de defender a su Salvador, Pedro lo negó, y no una vez ni dos, sino tres. Si Pedro no hubiera aceptado el perdón de Dios, probablemente hubiera pasado toda la vida paralizado por la culpa, en lugar de poder ayudar a los otros judíos a descubrir que Jesús era el Mesías que habían esperado por tanto tiempo.

Cuando permitimos que los sentimientos de culpa nos paralicen y nos priven de cumplir con nuestro objetivo, en realidad estamos afirmando con nuestras acciones que la cruz no fue suficiente para liberarnos del castigo por nuestros errores pasados. Alabado ser Dios porque somos nuevas criaturas. Tan distante como se encuentra el oriente del occidente ha alejado nuestros pecados de nosotros, y no se acuerda más de ellos. No permitas que el diablo te masculle mentiras diciéndote que todavía eres culpable; permítele a tu Señor susurrarte su verdad: que has sido totalmente perdonada y eres una nueva criatura en Cristo.

Pero te confesé mi pecado,
y no te oculté mi maldad. Me dije:

«Voy a confesar mis transgresiones al SEÑOR*»,*
y tú perdonaste mi maldad y mi pecado.
SALMO 32:5

El apóstol Pablo

Pudo haber perdido su momento de coronación a causa de su orgullo y arrogancia. Una ceguera física lo humillo, y la persecución y el sufrimiento lo capacitaron para transmitir el evangelio y edificar la iglesia de Cristo. Luego de sus primeras golpizas, encarcelamientos y otras dificultades semejantes, Pablo podría haber dicho: «No me lo merezco», y haberse apartado. Pero entonces hubiera perdido aquello para lo que había sido creado por Dios, y para lo cual lo había llamado: a Pablo se le concedió el extraño privilegio de enseñar y equipar a los gentiles de su tiempo (y a través de sus muchos escritos neotestamentarios a nosotros, cientos de años después) para vivir una vida de santidad.

Los verdaderos momentos de coronación, como los que experimentaron María, David, Pedro, Pablo, tú y yo, no tienen que ver solo con el aquí y ahora. Los momentos de coronación, en los que Dios abre nuestros ojos para que contemplemos su amor por nosotros y su plan específico para nuestras vidas, se relacionan con las generaciones futuras y con la eternidad. Nuestro mundo necesita desesperadamente ver a Dios en nosotros. No es este el tiempo para que nos preocupemos por nuestra comodidad. Es tiempo de volvernos a Dios para recibir el valor y la convicción que necesitamos para hacer brillar su luz delante de aquellos que todavía viven en la oscuridad. No olvidemos su promesa: Si lo amamos y lo obedecemos, nuestras vidas causarán un impacto sobre mil generaciones (Deuteronomio 7:9). Y no pierdas lo que Dios tiene para ti: Cuando lo servimos, resultamos bendecidos cuando él nos usa para bendecir a otros. Así que aprovecha este momento para soltar ahora mismo cualquier cosa que te esté reteniendo tu marcha hacia el glorioso futuro que tu Rey tiene para ti. Absolutamente nada de lo que este mundo puede ofrecerte es comparable a las bendiciones de Dios y al favor que se te concede de hacer grandes cosas para él mientras estás aquí.

¡Qué honor es ser las princesas de Dios! ¡Y no tuvimos que competir por la corona! Nuestro Rey nos ha elegido, y no necesitamos hacer nada para llamar su atención o conseguir su favor y su amor. Tú ya has ganado su corazón, y él te ha dotado personalmente para que hagas algo grande para su Reino.

Tómate un momento para hacer esta oración:

ORACIÓN DE SU PRINCESA

Amado Jesús:

Por favor, ayúdame a recordar que formo parte de tu Reino, que permanece para siempre, y de tus planes eternos. Abre mis ojos para ver tu majestad y amor, y entonces me veré a mí misma como participante de la realeza. No me permitas desperdiciar ni un día más viviendo para otra cosa que no seas tú y sin amarte con todo mi corazón. Te doy todo lo que soy. Alinea mis sueños y metas con tu perfecto plan para mí. Ayúdame a soltar todo lo que me impide obedecerte y experimentar tus bendiciones. Te amo, Señor, y deseo mostrarte mi amor con mi vida. Elijo en este día asumir mi posición real como tu luz en el mundo.

En el nombre de Jesús, amén.

Al terminar este capítulo, recordemos que:

- nuestros carácter,
- nuestras convicciones,
- nuestro valor,
- nuestra preocupación,
- nuestra compasión,
- nuestras elecciones,
- nuestra entrega al Rey

Determinan nuestro legado. Recordemos también que:

- Nuestro Rey nos ha concedido poder para que, al igual que Rachael, podamos hacer la obra que él nos ha encomendado realizar aquí.
- Nadie nos puede quitar la corona que Dios nos ha dado, que incluye propósito y poder.
- Todo lo que hacemos para nuestro Rey tendrá una recompensa eterna que va más allá de lo que podemos imaginar, la que nos será revelada a todos cuando nuestro Rey nos dé la bienvenida a nuestro hogar en los cielos.

Así que te aliento a acercarte cada día a tu Rey, a encontrarte con él en su Palabra, y a hablarle a través de la oración y la alabanza, de modo que, al usar la corona que Dios te ha dado, puedas brillar esplendorosamente para él y acabar aquello para lo que fuiste enviada aquí.

Y nunca olvides la verdad de la palabra de Dios que dice:

Eres pueblo consagrado al Señor tu Dios.
Él te eligió de entre todos los pueblos de la tierra,
para que fueras su posesión exclusiva.
Deuteronomio 14:2

Una guerrera del Rey

VIVIR EN LA LIBERTAD QUE ÉL HA GANADO PARA MÍ

Porque el SEÑOR tu Dios está contigo;
él peleará a favor tuyo y te dará la victoria
sobre tus enemigos.
DEUTERONOMIO 20:4

Nuestro Príncipe nos ama tan apasionadamente que ha dado su vida para que podamos vivir en total libertad con respecto a la culpa, la ira y el dolor, que se encuentran tan enraizados en nuestro pasado; libres de los problemas de nuestro presente y de nuestros temores con respecto al futuro. ¡Él pagó un precio demasiado alto en la cruz como para que nosotras vivamos una vida de derrota y carente de poder!

Para poder vivir en la libertad que Jesús obtuvo para nosotros en la cruz, necesitamos un plan de batalla, y nuestro Rey nos lo ha dado. ¡Alabado sea Dios por su Palabra y por su plan que nos permite vivir en victoria sobre el mundo, la carne, el diablo! Que nos da la victoria sobre el pecado, sobre la oscuridad y la desesperanza. Él desea, por su gran compasión, que nosotras conozcamos y vivamos en esa libertad que compró para nosotros por amor.

Si Dios reescribiera Deuteronomio 31:6 en una carta personal a su princesa, sería algo más o menos así:

Carta de amor a su princesa

Amada princesa:

Anhelo que llegues a experimentar libertad con respecto a la culpa y la ira, al temor y las preocupaciones, a la desesperanza y la falta de propósito. Te amé hasta dar mi vida, de manera que tú pudieras ser libre de esas cosas. Nada en este mundo (nada, excepto tú misma, mi amada) puede evitar que camines en mi libertad. Así que ven a mí y lee mi Palabra. Clama a mí, mi amada, y yo te daré la clave para vivir en libertad. Tú serás mi princesa guerrera cuando ores y obedezcas al oír mi voz. Nunca te lastimaré ni te dejaré sola, así que ven a mí, hija mía, y yo, tu papá del cielo, aliviaré tu alma, restauraré tu paz interior y colocaré tus preciosos pies sobre terreno firme.

Con amor, tu Rey y tu libertador. Jesús

«Sean fuertes y valientes.
No teman ni se asusten ante esas naciones,
pues el SEÑOR *su Dios siempre los acompañará,*
nunca los dejará ni los abandonará».
DEUTERONOMIO 31:6

Muchas de nosotras conocemos al Señor personalmente pero no nos sentimos ni libres ni victoriosas. Quizás alguna vez te hiciste esta pregunta: *¿Si Dios me ama, entonces por qué me permite pasar por tanto dolor?*

Existen distintas perspectivas en cuanto a las razones por las que Dios permite el dolor. Pero quiero mencionarte una verdad con respecto a algunos de los sufrimientos que experimentamos en la vida: estamos peleando una batalla espiritual contra un enemigo invisible que busca destruir nuestras mismas almas (Efesios 6:12). Nuestro Rey nos advierte en su Palabra que el enemigo de nuestras almas está buscando una oportunidad para robarnos, destruirnos y finalmente matarnos. Satanás es como un león rugiente que espera el tiempo apropiado para atacarnos, pero alentémonos al conocer esta verdad:

NO PREVALECERÁ NINGUNA ARMA
QUE SE FORJE CONTRA NOSOTRAS
¡a menos que salgamos de detrás del escudo

de protección que Dios coloca alrededor de nosotras, para pelear en nuestras propias fuerzas y a nuestra manera!

A veces, el sufrimiento que experimentamos en la vida viene como resultado de esta furiosa batalla espiritual, pero sea lo que fuere que cause el dolor, Dios puede sacar algo bueno de él, y lo hará. Nuestro Rey usa el dolor para desarrollar dentro de nosotras cualidades que él sabe que necesitaremos para cumplir con nuestro objetivo que apunta hacia la eternidad. También usa nuestro sufrimiento para acercarnos más a él, para que desarrollemos compasión por otros, y para fortalecer nuestro carácter. El sufrimiento puede ser el campo de entrenamiento donde nos preparemos para lograr nuestras metas. A través del sufrimiento podemos mostrar a otros la manera en que se puede pelear la buena batalla. También es útil para experimentar la victoria en su poder. Solo piensa en alguna prueba de tu vida que te haya llevado a caminar en una mayor cercanía con él y que como resultado te convirtió en una mejor persona. Por doloroso que haya sido ese tiempo, ¿puedes ahora mirar hacia atrás y ver la poderosa obra que él logró hacer en ti y a través de ti para su gloria? ¿Acaso tuvo que ver con un problema imposible, que creías sin solución antes de que apareciera Dios en medio de él, y luego tu confianza en tu Rey creció significativamente?

Yo solía enfadarme con Dios por haberme permitido crecer en un hogar disfuncional. ¿Por qué no me había colocado dentro de una familia que viviera junta de un modo apacible? ¿Por qué permitía que me durmiera llorando por las noches, mientras mis padres se gritaban el uno al otro en el cuarto de al lado? ¿Por qué otras niñitas tenían padres que se amaban y se llevaban bien?

No creo que fuera la voluntad de Dios que mis padres pelearan o que su matrimonio terminara en divorcio. Pero hoy me doy cuenta de que mis sufrimientos pasados y los problemas conyugales de mis padres no tienen por qué determinar mi futuro. Dios tenía un plan para mí entonces, y él uso mi doloroso pasado para volverme una apasionada de la paz en mi propia familia ahora. Utilizó el divorcio de mis padres para obligarme a permanecer casada cuando las cosas se volvieron difíciles en mi propio matrimonio. Usó mis malas elecciones en cuanto a usar drogas para producir en mí el valor de hablar a los jóvenes sobre cómo vivir para nuestro Rey. Mi batalla con la bulimia me llevó a escribir un best-seller para ayudar a las muchachas y a las mujeres a liberarse de esa atadura. Nuestro Dios puede tomar cualquier parte de nuestra vida, buena o mala, y utilizarla para el avance de su Reino. Podemos convertirnos en un trofeo de su gracia, perdón e insondable misericordia para ser exhibido ante el mundo.

Ahora bien, sabemos que Dios dispone
todas las cosas para el bien de quienes lo aman,
los que han sido llamados
de acuerdo con su propósito.
Romanos 8:28

Si todo en mi vida hubiera salido de la manera en que yo lo deseaba, podría no haber desarrollado demasiada pasión para el llamado de Dios a convertirme en una oradora cristiana, y podría no sentir ahora una compasión tan profunda por aquellos que han pasado por pruebas similares a las mías en su vida. Probablemente tampoco hubiera usado mi corona de *Señora Estados Unidos* para contarle al mundo acerca de mi Rey. Dios usó mi pasado para prepararme para el ministerio. Sin embargo, si pudiera volver atrás y vivir de la manera que le agrada a Dios, por supuesto que lo haría; pero eso no está entre las opciones ahora. Así que tengo que escoger entre permanecer paralizada por el sufrimiento, la culpa, la ira y la pena, o permitirle a Dios que utilice mis errores pasados como tutores para volverme más sabia y como ayudantes para enseñar a otros. Elijo la segunda opción; además he aprendido a ser agradecida por cada prueba y cada lágrima, porque Dios las ha usado para convertirme en la persona que él deseaba que fuera. Aunque mi vida no es perfecta, está completa en Cristo, y puedo decir con sinceridad que me siento totalmente libre de culpa, ira y lamentos con respecto al pasado porque mi pasado está donde le corresponde: clavado en la cruz.

También tenemos la bendición de servir a un Rey que puede volver nuestro lamento en alegría y nuestro sufrimiento en algo con propósito.

Él nos libró del dominio de la oscuridad
y nos trasladó al reino de su amado Hijo,
en quien tenemos redención, el perdón de pecados.
COLOSENSES 1:13-14

Dios nos ha rescatado de la oscuridad del pecado y la culpa, del sufrimiento sin sentido y de la ira arrolladora. Él siempre abre un camino donde parece no haberlo. No necesitamos vivir en el desaliento, la depresión, la derrota o la desesperanza. Podemos llevar una vida victoriosa en Cristo, en su amor y en su poder redentor. Podemos convertirnos en sus valientes princesas guerreras, y él nos ayudará a ganar las batallas espirituales que intentan apoderarse de nuestras mentes y emociones. Uno de los trucos favoritos del engañador es hacernos sentir que todo es desesperanzador; ¡pero la verdad es que el Señor nos dará la victoria!

Recordemos a los israelitas. Dios los rescató y los sacó de la esclavitud de Egipto y los llevó a la costa del Mar Rojo. Allí el pueblo elegido y rescatado debió permanecer en una situación de estrechez entre lo que parecía un mar que no les ofrecía ninguna esperanza de escapar y el ataque de sus enemigos contra ellos. Estoy segura de que se sintieron abandonados y derrotados, y sabemos que cuestionaron las razones por las que Dios los había liberado si iban a ser derrotados por sus enemigos egipcios luego. Sin embargo, fue esa situación, aparentemente desesperada, la que Dios usó para destruir al enemigo egipcio de una vez y para siempre. Y ese mar que les provocaba desesperación fue lo que le proveyó a Dios una oportunidad de demostrar su poder. Él dividió las aguas y su pueblo caminó sobre la tierra seca hacia la libertad. Luego juntó las aguas otra vez, e Israel pudo ver a sus enemigos morir delante de sus propios ojos. A veces las pruebas más duras de la vida producen en nosotros una fe mayor. Los israelitas no tuvieron que hacer nada para alcanzar la victoria, excepto caminar hacia la libertad a través de una puerta abierta que su Dios les proveyó.

SU PLAN DE LUCHA PARA CONDUCIRNOS A LA LIBERTAD

Los Estados Unidos son un país libre porque a través de los años nuestros soldados han ido a la guerra y han peleado por nuestra libertad. Hombres y mujeres por igual han sacrificado sus vidas para que podamos vivir con libertad. Y cuando ellos salieron a la batalla, lo hicieron con pasión, propósito y un plan.

La palabra del Señor (la Biblia) está llena de historia verdaderas acerca de batallas reales contra el pueblo de Dios, y en cada acometida nuestro Rey proveyó un plan que condujo a la victoria. Sin embargo, él también le da a su pueblo a escoger si quiere ganar a la manera de Dios o ser derrotado por pelear a su manera. Mi oración es que al estudiar su plan para lograr la libertad, cada una de nosotras elijamos también la vida, pero a su manera.

Al acabar nuestros días sobre la tierra, sería tremendo poder decir como Pablo:

He peleado la buena batalla, he terminado la carrera,
me he mantenido en la fe. Por lo demás,
me espera la corona de justicia que el Señor,
el juez justo, me otorgará en aquel día;
y no solo a mí, sino también a todos
los que con amor hayan esperado su venida.
2 Timoteo 4:7-8

¡No puedo imaginar nada mejor que saber que hemos cumplido con lo que Dios nos envió a hacer! La meta de este capítulo es ayudarnos a descubrir cómo pelear la mayor de todas las batallas: la batalla en nuestra mente y emociones que nos priva de vivir la vida victoriosa que ya es nuestra. Si no conocemos el plan de batalla de nuestro Rey, ni las armas y la protección que él ha provisto para nosotras, seremos derrotados una y otra vez. ¡Es hora de reclamar la victoria que nos corresponde!

El primer paso hacia la libertad es permitirle a nuestro Señor que dirija nuestra vida. Demos este paso en oración:

La oración de su princesa

Amado Jesús:

Elijo en este día rendir mi pasado, mi dolor y mis problemas a ti. Te pido que me ayudes a entender tu plan para mi liberación. Dame sabiduría y valor para enfrentar contigo todas las batallas que se me presenten en la vida. Oro con fe, creyendo que tú ya has ganado mi libertad y en la confianza de que tú lucharás por mí y me darás la victoria en todas las áreas de mi vida. Te amo, y te agradezco por todo lo que ya has hecho por mí y por todo lo que harás.

En tu nombre, amén

LIBERTAD PARA DESCUBRIR LAS RAÍCES DEL SUFRIMIENTO O DEL PROBLEMA

Si no descubrimos qué es lo que nos está causando sufrimiento o problemas, eso acabará controlándonos. Imaginar que el dolor no es real no hace que desaparezca. Es más, seguir adelante sin prestar atención a nuestras heridas, sean antiguas o recientes, nos conducirá a la derrota. Lo sé por experiencia. Yo acostumbraba a fingir tan bien que podía haberme ganado el Oscar a la mejor actriz y también haber hecho un doctorado en negación. ¿Comprenden la relación? Actuar de esa manera y hacer una negación resulta más fácil que considerar lo que nos ha sucedido abierta y sinceramente, y el impacto posterior que continúa teniendo sobre nosotros. A veces resulta muy difícil analizar esas heridas a fondo, sin taparlas, pero la única manera de sanarnos es seguir el camino de la verdad. Recordemos la promesa de Dios: «El que con lágrimas siembra, con regocijo cosecha». Las personas me piden una y otra vez que les hable de mi vida: «¿Cómo lograste superar el sufrimiento?», preguntan. Mi respuesta es esta: «Toda vez que sentía dolor, clamaba a mi papá del cielo, y entonces cada lágrima me iba limpiando el alma».

También sé lo difícil que es encontrar un tiempo para ser sanada. La lista de demandas que tenemos sobre nosotras como esposas y madres, como amas de casa y cocineras, como tutoras y chóferes, como encargadas de hacer las compras y como voluntarias en la escuela, es interminable. Esas demandas nos desgastan y el agotamiento nos afecta emocionalmente. Entonces descubrimos que estamos desalentadas y deprimidas. Y, para añadir más presión sobre nosotras, algunos cristianos bien intencionados dicen que lo que hace falta es ignorar nuestros sentimiento y vivir por fe. Mi pregunta a ellos es esta: Si se espera que ignoremos nuestros sentimientos, ¿entonces por qué nos los ha dado Dios en primer lugar? Él nos creó a su imagen. Él tiene sentimientos y también nosotros. ¿Sabías que la Biblia hace referencia a las emociones de Dios más de dos mil veces?

Efesios 4:26 dice: «Si se enojan, no pequen». No es un pecado sentirse enojada, dolorida, desbordada o fuera de control. Se vuelve un pecado si no manejamos esos sentimientos y les permitimos que afecten nuestras acciones. La manera de tratar con nuestros sentimientos (la única forma en que podemos escapar al control que ejercen sobre nosotras) es descubrir qué es lo que los causa. Desgraciadamente, muchas de nosotras hemos escondido nuestras heridas tan profundo en el corazón que ya no sentimos nada, así que nos cuesta identificar aquello que es causa de nuestras acciones o reacciones en determinados momentos. Si este es el caso, ha llegado el tiempo de reclinar nuestro rostro y clamar al Dios vivo que todo lo sabe y que nos ama y desea sanarnos, a aquel que conoce todo lo que hay oculto en nuestros corazones.

El no saber qué es lo que sentimos y porqué constituye solo una parte del problema. La otra parte es no tener idea de qué hacer con lo que sentimos. Esa es otra de las razones por las que no queremos enfrentarnos con nuestras emociones. Hacer de cuenta que el sufrimiento no es real sería como imaginar que el automóvil no necesita gasolina. Aún si ignoráramos todas las señales de advertencia, la gasolina se acabaría. De la misma manera, no podemos ganar la batalla de nuestra mente o la guerra espiritual que libramos contra el diablo si ignoramos las señales de advertencia y continuamos andando con un vacío interior. Las luces de advertencia son la manera en que Dios nos dice que lo necesitamos, que precisamos de su gracia, de su verdad, de su sanidad, de su consuelo. Sé por experiencia personal lo difícil que resulta enfrentar la verdad con respecto a nuestra vida y a nosotras mismas, pero la combinación de las lágrimas con la verdad nos conduce a ser liberadas del pasado. En una ocasión escuché que las lágrimas son oraciones húmedas. Encontraremos la verdadera libertad si dejamos de fingir que nuestro dolor no existe y comenzamos a mostrarnos abiertas y sinceras con nosotras mismas y con nuestro Señor.

Cada uno es esclavo de aquello que lo ha dominado.

2 Pedro 2:19

Descubrir qué es lo que nos ha tenido dominadas, qué es lo que nos está controlando, es el primer paso hacia la libertad. Así que detengámonos y hagamos un inventario de nuestros sentimientos.

En este preciso momento me siento:

- Temerosa del futuro
- Enojada
- Impaciente
- Fuera de control
- Agotada
- Adicta a la aprobación de los demás
- No apreciada
- Deprimida
- Desesperanzada
- Sola
- Paralizada por dentro
- Ansiosa
- Falta de salud
- Desbordada
- No amada

Mostrémonos abiertas y sinceras en este momento al orar a nuestro Rey.

Oración de su princesa

Amado Jesús:

Me siento (completar con aquello que sientes):_______________.

Y no quiero permanecer en esta situación emocional por más tiempo. Aunque me resulte aterrador en este momento, te pido, Padre Dios, que me reveles las raíces de mis acciones y reacciones enfermizas. Necesito que me muestres lo que sucede dentro de mí para que pueda entregarte mi corazón y todo lo que está herido en mi interior. Deseo cambiar, y te pido que intervengas ahora y me muestres lo que debo hacer para ser sanada y restaurada. Estoy dispuesta a permitirte quitar las raíces de mi sufrimiento. Gracias por ser mi lugar seguro, y también por permitirme venir a ti con todo lo mío. Te amo y te alabo por la fidelidad que muestras hacia mí. Ahora, a través de la obra de tu Espíritu Santo, por favor, ayúdame.

Lo pido en tu nombre, amén.

Cuando Dios te ayude a reconocer las raíces de tus sentimientos, toma nota por escrito de lo que descubras. El escribirlo hará que se vuelva más real, y te proveerá las claves para dar el siguiente paso hacia la libertad.

Y conocerán la verdad, y la verdad los hará libres.

JUAN 8:32

Una vez que hayamos usado la primera clave hacia la libertad, y la hayamos registrado por escrito, comenzaremos a remover las raíces causantes de nuestro dolor al dar el siguiente paso hacia la liberación.

LIBERTAD PARA CORRER HACIA DIOS

Los justos claman, y el SEÑOR los oye;
los libra de todas sus angustias.

SALMO 34:17

Una vez que descubras las raíces de tus sentimientos, puede ser que esto te cause aún más dolor que cuando mantenías tus emociones escondidas. Debes saber que para ser verdaderamente sanada necesitas pasar por ese sufrimiento. En tu dolor, clama a tu Rey hasta que él seque todas tus lágrimas. Te prometo que lo hará.

El rey David clamaba a Dios cada vez que sufría, y él era conocido como «un hombre según el corazón de Dios». Encontramos otro ejemplo de sinceridad delante de Dios en el Rey Ezequías. Él estaba en su lecho de muerte cuando oró y lloró amargamente delante del Señor. Dios escuchó sus oraciones, vio sus lágrimas, y lo sanó. Si en verdad deseas ser una mujer según el corazón de Dios y quieres alcanzar la completa sanidad que el Señor te ofrece, entonces corre a él cada vez que estés sufriendo. Él es tu papá del cielo, y anhela consolarte y sanarte.

Vengan a mí todos ustedes que están cansados y agobiados, y yo les daré descanso.
Mateo 11:28

Nadie puede sanar tu corazón ni aliviar tu alma como tu Rey. Nadie te ama más que él, ni tiene el poder y un amor tan ferviente por ti como tu Dios. Él es el amado de tu alma, y anhela que corras a sus brazos para que pueda curar cada una de tus heridas.

CARTA DE AMOR A SU PRINCESA

Mi princesa:

Yo soy tu escudo protector. Muchas veces te preguntas dónde estoy cuando te encuentras en el medio de una batalla encarnizada que te rodea por todos lados. Te sientes abandonada en medio del campo de combate. No temas y no pierdas la fe. Estoy aquí, y siempre soy el que resulta victorioso. Te protegeré, pero tienes que confiar en mí. A veces te conduciré a un refugio para que encuentres seguridad y puedas recomponerte. En otras ocasiones te pediré que te unas a mí en el frente de batalla más furioso. La verdad es que yo podría matar a cualquier gigante que amenazara tu vida, pero, como sucedió con David, el joven pastor, depende de ti el adelantarte, tomar las piedras, y enfrentar a tus gigantes. Me encanta demostrar mi fuerza cuando las dificultades son máximas y la esperanza mínima. Verdaderamente soy tu refugio y el que te libra; te protegeré en cualquier lugar en el que estés.

Con amor,
Tu Rey y Protector

Tú eres mi refugio; tú me protegerás del peligro
y me rodearás con cánticos de liberación.
Salmo 32:7

Dios es nuestro lugar de reposo, nuestro sitio seguro. Cuando vamos a su presencia, él restaura nuestra mente, nuestro cuerpo, y nuestra alma.

Luego de encontrar las raíces del dolor y correr hacia el Rey con nuestras heridas, el próximo paso hacia la libertad consiste en alabarlo a pesar del dolor. En las historias de hadas que he oído, las princesas siempre parecen mantener la esperanza en medio de las circunstancias más desgraciadas. De alguna manera, saben que su príncipe las rescatará, porque siempre lo hace. Como princesa de Dios, cuentas con su promesa y puedes confiar completamente en que tu Príncipe te rescatará. Esa esperanza confiada resulta la clave para alcanzar el gozo, junto con la capacidad de alabar al Señor aun en los momentos más difíciles.

Hechos 16 nos proporciona una hermosa ilustración de lo que puede suceder cuando alabamos a nuestro Príncipe en medio de nuestras pruebas y tribulaciones. Pablo y Silas, dos fieles hombres de Dios, habían sido injustamente arrojados en una prisión por transmitir con osadía un mensaje de esperanza de parte del Señor.

Podían haberse enojado con Dios por no haberlos protegido; podían haberse preocupado por el futuro y por su misma vida, o podían elegir confiar en el Rey en medio de sus pruebas y alabarlo a pesar de sus circunstancias. Pablo y Silas escogieron alabar a Dios con cánticos de alabanza allí, en la celda de una prisión fría y horrible.

De acuerdo con las Escrituras, otros prisioneros escuchaban y prestaron atención mientras estos fieles seguidores de Dios cantaban canciones de amor a su Señor. De pronto, se produjo un tremendo terremoto y la prisión se sacudió hasta los cimientos. Las puertas se abrieron de par en par, y las cadenas de los prisioneros se soltaron. (¡Algo sobrenatural puede suceder cuando, en medio de la batalla, decidimos ofrecer un sacrificio de alabanzas a nuestro Rey!) No solo Pablo y Silas quedaron libres de sus cadenas sino también todos los prisioneros que los escuchaban y veían la forma en que habían reaccionado ante la situación difícil que les había tocado.

Esta escena en la prisión nos proporciona una razón por la que resulta tan importante que nosotros seamos abiertos y sinceros cuando pasamos por luchas. Nuestras reacciones afectan a la gente que nos rodea, sea para bien o para mal. También es importante que seamos abiertos y sinceros con nuestros hijos cuando estamos en medio de una lucha. Por supuesto, no tenemos que darles todos lo detalles, pero podemos pedirles que oren y que alaben a Dios junto con nosotros, de modo que puedan ver por ellos mismos la poderosa mano de Dios moverse en una situación difícil. Si llevamos a nuestros hijos con nosotros ante el Rey en tiempos de dificultad, cuando crezcan y experimenten sus propios sufrimientos y problemas, sabrán exactamente qué hacer y a quién volverse. (Si nosotros no les enseñamos, ¿quién lo hará?) También esa apertura nuestra alentará a nuestros hijos a desarrollar una relación sincera y personal con el Señor. Nadie se beneficia de las consabidas actitudes cristianas del tipo: «Mi vida es perfecta», o: «Yo lo puedo manejar solo». Pero todos salen beneficiados cuando nosotros reconocemos que la vida no es perfecta pero Dios sí, y cuando nos ven correr hacia Dios y alabarlo a pesar de nuestro dolor o de nuestros problemas y perciben la manera en que él nos da su perfecta paz.

El rey David clamaba a Dios y lo alababa en todas las épocas de su vida. Leamos estas palabras escritas por un hombre según el corazón de Dios:

Puso en mis labios un cántico nuevo,
un himno de alabanza a nuestro Dios.

Al ver esto, muchos tuvieron miedo
y pusieron su confianza en el SEÑOR.
SALMO 40:3

Alabar no es negar la existencia
del problema.
Alabar es buscar en Dios
el poder y la solución.

Cuando estén ya en su propia tierra
y tengan que salir a la guerra contra el enemigo opresor,
las trompetas darán la señal de combate.
Entonces el SEÑOR *se acordará de ustedes*
y los salvará de sus enemigos.
NÚMEROS 10:9

A veces las mayores batallas ocurren en el terreno de nuestros propios hogares. Por lo tanto, necesitamos levantarnos a la mañana y entrar a la presencia del Rey con alabanzas. Si oramos y alabamos a Dios con canciones al comienzo del día, estableceremos un ambiente de gozo, esperanza y victoria en nuestro hogar. Recordemos que nuestros hogares están en los primeros puestos de la lista de favoritos del enemigo, ¡así que cubramos a nuestra familia a través de la oración y escuchemos música de alabanza como primera cosa por la mañana!

LIBERTAD PARA HACER CORRECCIONES EN NUESTRA VIDA

Por último, hermanos, consideren bien
todo lo verdadero,
todo lo respetable, todo lo justo, todo lo puro,
todo lo amable, todo lo digno de admiración,
en fin todo lo que sea excelente o merezca elogio.
Filipenses 4:8

Después de haber identificado las raíces de tu sufrimiento o problemas y de haber decidido acercarte a Dios y alabarlo a través de todo el proceso de sanidad y liberación, ha llegado el tiempo de que saborees lo que es la verdadera victoria, anulando las armas con las que el enemigo ataca tu vida.

Si un oficial de policía se acercara hasta tu puerta para advertirte que a tus vecinos acaban de robarles y matarlos, estarías muy atenta en cuanto a cuidar todo aquello que pudiera permitir que el enemigo entrara en tu hogar o se acercara a tus seres amados. Nuestro Rey nos advierte en su Palabra que hay un enemigo persiguiéndonos (Juan 10:10), que ha salido a matar, robar y destruir, y que si no estamos apercibidos, le ayudaremos a realizar su misión a través de lo que leemos, miramos y escuchamos. Le permitiremos que destruya nuestros valores y nuestra mente. Y a nuestros niños, a través de los entretenimientos modernos a los que damos cabida en nuestros hogares.

Si nuestros soldados fueran a la batalla desarmados y borrachos, se convertirían en el hazmerreír del mundo. Si de verdad queremos alcanzar libertad y victoria, entonces no podemos comprometer a través de nuestras palabras o acciones a aquel a quien representamos, o todo aquello que afirmamos creer. Somos llamadas a llevar vidas santas y a ser ejemplos de excelencia en este mundo perdido y solitario, y a buscar a aquellos que quieran seguirnos. Nuestras vidas pueden hablar más fuerte que las otras influencias del mundo. No necesitamos ceder ante la tentación; somos guerreras del Rey y se nos ha concedido el poder de vivir como miembros de la realeza. No es que nuestro Rey no quiera que disfrutemos de diversiones y entretenimientos. ¡Lo que no quiere es que la mente de sus hijas se destruya!

Aquí van algunos secretitos para prepararte como un miembro de la realeza:

SELECCIONA LO QUE LEES

¿Cómo te sientes después de leer una revista de modas? ¿Te quedas pensando algo así como: *He sido hecha de una manera tremenda y maravillosa por Dios? ¿O acaso: Ahora que he estado mirando a esas modelos etéreas, me siento más segura con respecto a mi cuerpo y a mi persona?* Nadie se siente bien con respecto a sí mismo, a cómo se ve, cuando se compara con esas fotografías radiantes a cuatro colores de aquellos ídolos de la moda creados por los hombres. (¡En persona, las modelos tampoco se ven como aparecen en las fotos!) Además, ¿por qué tenemos que permitir que nuestra imagen sea definida por hombres o mujeres mundanos que producen revistas que abogan por cualquier cosa, excepto la santidad y la espiritualidad? Nuestro valor no está determinado por nuestro peso. Y cuando esté en su lecho de muerte, ninguna mujer pensará: *Solo hubiera deseado tener caderas más angostas y pechos más grandes.*

En lugar de llenar nuestra mente de imágenes e ídolos del mundo, nos hace falta leer cosas que nos transmitan, tanto a nosotras como a nuestras hijas, pasión en cuanto al propósito de nuestra vida y fortaleza para responder con obediencia al llamado de Dios. Las mujeres solemos castigarnos bastante por lo que no somos. Decididamente, no necesitamos ayudar al enemigo a acabar con cualquier pequeño jirón de autoestima que nos haya quedado colgado en algún rincón de nuestro interior. Así que, no te abras a cualquier material de lectura inadecuado que le permita al diablo entrar para prenderse de tus pensamientos o de los pensamientos de aquellos que amas. Y recuerda que has sido puesta aquí precisamente para enfrentar un tiempo como este. Eres una princesa del Rey, llamada a brillar para su gloria.

Los que fabrican ídolos no valen nada;
inútiles son sus obras más preciadas.
Para su propia vergüenza,
sus propios testigos no ven ni conocen.
ISAÍAS 44:9

Debes deshacerte de cualquier libro o revista que atente contra tu identidad en Cristo y que ocasione que sientas vergüenza de la forma en que Dios te ha hecho. No les permitas a esos ídolos despreciables determinar el valor de tu vida. Tú y yo somos hijas del Rey, y debemos ser modelos de su verdadera belleza delante del mundo. Nadie recordará a las chicas de tapa cuando acabe el tiempo de su fama. Lo que valdrá será invertir en la vida de otros, pues la belleza no tiene valor alguno y tampoco dura.

SELECCIONA LO QUE MIRAS

Nosotros vivimos en un pueblo tan pequeño que creo que debe ocupar solo una página de la guía telefónica. Antes de mudarme a este pequeñito pueblo de Oregon, yo viví en el sur de California y en Scottsdale, Arizona. No hace falta decir que no hay mucho para hacer allí. Así que resultaría muy tentador recibir televisión por cable; pero yo tengo marido, un hijo adolescente y una hija de cinco años.

Un día se me ocurrió pensar que, si estuviera de acuerdo en pagar treinta dólares por mes para poder sintonizar varios cientos de canales, le estaría abriendo la puerta de nuestro hogar al enemigo. En esencia, lo que estaría haciendo sería invitarlo a entrar para que pudiera atacar y minar los valores y las prioridades de Dios que intento arraigar en mis hijos. Y además, podría robarme la relación que mantengo con mi marido, que tal vez le prestara más atención a la televisión que a nuestros hijos o a mí.

Y como si todo eso ya no fuera bastante peligroso y dañino, mi hijo y mi marido se verían expuestos a presenciar imágenes de sexo, mujeres y violencia cien veces por hora, al pasar de canal en canal. Mi hijita aprendería a faltarme el respeto al mirar los dibujos animados y otros programas que presentan niños que le faltan el respeto a sus padres y gobiernan la casa, y que muestran a los padres como si fueran idiotas.

No quiero decir que toda la televisión sea mala. Mi familia judía llegó a conocer al Señor a través de la televisión hecha por cristianos. Pero ¿para qué pagar con el fin de permitir que entren a mi casa imágenes que abogan por todo aquello que nosotros rechazamos? Además, contamos con un período muy breve para hablar con nuestros niños y enseñarles. Y a causa de las muchas actividades de la vida, también encontramos poco tiempo para estar con nuestros maridos. ¿De qué modo usamos ese valioso tiempo? ¿Las horas que pasamos frente al televisor nos acercan a Dios, a aquellos que amamos, y nos llevan a cumplir con el propósito que el Señor tiene para nosotros mientras estamos en este planeta? Esas horas que pasamos ante el televisor, ¿nos ayudarán a alcanzar a la próxima generación y a todo el mundo para Cristo?

Hoy, la televisión, las computadoras y las cabinas de juegos electrónicos insumen tanto tiempo y energía que muchos jóvenes han perdido la capacidad de mirar a las personas a la cara y sostener una conversación. Es nuestra responsabilidad preparar en nuestros hogares a los jóvenes para ser maridos y esposas santos y embajadores del Rey ante el mundo. Si permitimos que sea la televisión la que les enseñe a vivir, los estamos preparando para el fracaso y el sufrimiento.

Admito que hay algunos muy buenos programas de televisión que me gustaría mirar, pero no voy a cambiar el tiempo que paso hablando y divirtiéndome con mi familia, y aun orando juntos, por el mejor programa de entretenimientos del mundo. A veces tenemos que descartar lo que deseamos en un momento dado para lograr lo que más deseamos en la vida. ¡Y yo he descubierto que descartar la televisión para dedicar tiempo a mi familia decididamente vale la pena!

Como nuestros predecesores en la fe, podemos determinarnos a decir:

Por mi parte, mi familia y yo serviremos al SEÑOR.
JOSUÉ 24:15

A veces tenemos que renunciar a lo que deseamos en un determinado momento para lograr lo que más deseamos en la vida.

Oración de su princesa

Amado Señor:

Por favor, muéstrame qué cosas de las que estoy leyendo y mirando me privan de ti. Ayúdame a descubrir la realidad de aquellas cosas a las que les doy entrada a mi hogar, y luego dame el valor y la convicción para decir que no a todo lo que no debería admitir en él. Concédeme la autodisciplina de abandonar todo lo que me pidas que te entregue, y a comenzar desde hoy a mirar y leer solo aquello que edifique mi fe y mi carácter. Perdóname por todas las cosas pecaminosas que he permitido entrar en mi mente, y pido con fe que tú me transformes y me limpies de adentro hacia afuera.

Lo pido en el nombre de Jesús, amén.

No se amolden al mundo actual, sino sean transformados mediante la renovación de su mente. Así podrán comprobar cuál es la voluntad de Dios, buena, agradable y perfecta.

Romanos 12:2

Cuida tus pensamientos,
ellos se convertirán en tus palabras.
Cuida tus palabras,
ellas se convertirán en tus acciones.
Cuida tus acciones,
ellas se convertirán en tus hábitos.
Cuida tus hábitos,
ellos conformarán tu carácter.
Cuida tu carácter,
él constituirá tu legado.

Quiero conducirme en mi propia casa
con integridad de corazón.
No me pondré como meta nada en que
haya perversidad.
Salmo 101:2-3

SELECCIONA LAS ACTIVIDADES DE TU AGENDA

El enemigo no necesita derrotarnos por completo para ganar la batalla en cuanto nuestro tiempo y dedicación. Todo lo que precisa es distraernos, y así lograr una victoria fácil sobre nosotros. Y sabemos lo que son las distracciones, ¿verdad?

Nada nos desgasta más a las mujeres que el excesivo activismo. El no tener tiempo para descansar, para relajarnos, para reflexionar y para ser renovadas. De alguna manera sentimos, sea en un nivel consciente o no, que si no tenemos agendas muy llenas (que incluyan lugares a los que asistir, gente con la que encontrarnos y una interminable cantidad de cosas para hacer) en realidad no somos personas importantes. O tal vez nos preocupa tanto lo que otros puedan decir, que no nos atrevemos a establecer ciertos límites saludables. Cuando nuestras agendas se vuelven excesivamente cargadas, nuestras familias sufren, nuestra salud se resiente, y nuestra relación con Dios se deteriora. El diablo nos quiere débiles en todos los frentes, porque así nos puede derribar.

Tengamos presente que «si el diablo no nos puede hacer mal, por lo menos intentará mantenernos ocupadas». Si estamos demasiado ocupadas como para pasar tiempo con Dios, o para dedicarles tiempo a aquellos que amamos y nos necesitan, entonces estamos más ocupadas de lo que desea nuestro Rey. Tenemos que adecuar nuestra agenda de modo que refleje nuestras prioridades. Para ayudarte a definir esas prioridades, sería bueno que te hicieras las siguientes preguntas:

- ¿Qué es lo que realmente me importa más en la vida?
- ¿En qué cosas podría ser reemplazada por otros, y en qué roles soy verdaderamente irreemplazable?
- ¿Estoy desbordada por mi agenda?
- ¿Mi salud se ha resentido porque no tengo tiempo para descansar?
- ¿Paso el suficiente tiempo con aquellos que amo?
- ¿Cuándo digo que sí a algo, a qué otras cosas estoy diciendo que no?
- ¿Establezco límites saludables en torno a mi agenda y a mis compromisos?

Cuando no nos hacemos tiempo para estar con nuestro Príncipe o con aquellos que él ha encomendado a nuestro cuidado, le rompemos el corazón. Y tengamos en cuenta que si no tenemos tiempo para nuestros hijos cuando son pequeños, ellos no tendrán tiempo para nosotros cuando seamos viejos. La forma en que empleamos nuestro tiempo les enseña a nuestros hijos el modo de emplear el suyo cuando sean grandes.

ORACIÓN DE SU PRINCESA

Amado Señor:

Por favor, asume el control de mi agenda, y pon convicción en mí, por tu Espíritu Santo sobre aquellas cosas que están en mi programa y que no tienen interés para el Reino o carecen de un valor eterno. Deseo invertir mis días sobre esta tierra con sabiduría. Ayúdame a dedicar más tiempo a estar contigo para poder oír tu voz a pesar de las muchas actividades de la vida. Perdóname, Señor, por estar tan ocupada que no encuentro tiempo para lo verdaderamente importante: manifestar mi amor por ti y por otros. Rindo mi agenda a tu voluntad.

Amén.

LIBERTAD PARA COMER Y EJERCITARNOS PARA GANAR

¿No saben que en una carrera todos los corredores compiten, pero sólo uno obtiene el premio? Corran, pues, de tal modo que lo obtengan. Todos los deportistas se entrenan con mucha disciplina. Ellos lo hacen para obtener un premio que se echa a perder, nosotros, en cambio, por uno que dura para siempre.

1 CORINTIOS 9:24-25

Algo sorprendente sucede dentro de una mujer cuando logra una victoria sobre su peso y sobre las cuestiones que se relacionan con la salud y se convierte en una mejor versión de sí misma. Y esto también es cierto con respecto a los hombres. Cuando el piadoso Daniel se rehusó a comer los manjares de la mesa del rey y se comprometió a comer solo la dieta integral de Dios que figura en Génesis 1:29, Dios lo bendijo dándole mayor favor, mayor sabiduría, y mayor fortaleza.

Ahora bien, quiero contarles que he pasado la mayor parte de mi vida buscando algún plan de alimentación y ejercicios que pudiera seguir y luego mantener en el tiempo. Siento como si sostuviera una guerra interminable contra el peso. Cada día lucho contra mi obsesión por las comidas que me producen cansancio y sobrepeso. Mi mayor deseo es estar en condiciones para mi Rey y mantenerme en un estado saludable para poder cumplir con el llamado de Dios. Mucha gente que me ve piensa que soy la comandante en jefe de esta guerra de las dietas, pero quiero confesarles que mi peso implica una lucha diaria y una batalla constante para mí ahora.

He sido una adicta a la comida, y mis ideas de cómo recortar calorías van desde dejar de comer hasta pasarle el pan al plato. Llegué a tener casi treinta kilos de sobrepeso, y luego gané el título de *Señora Estados Unidos.* Fui la gordita de la escuela secundaria que nunca tuvo una cita, y luego aparecí en la tapa de una revista sobre salud y estado físico. Pero, independientemente del momento en el que esté en cuanto a mi salud y peso, un temor secreto acecha en mi interior, y es a no poder ganar esta batalla de la mente sobre el cuerpo. Quiero lo mismo que desea cualquier mujer: ganar la batalla de las dietas de una vez por todas, y sentirme libre de tener que controlarme con respecto a la comida.

He hablado en encuentros de mujeres durante más de diez años, sobre una amplia variedad de tópicos. Cuando hablo sobre el tema de la salud y de la pérdida de peso, encuentro que la audiencia está llena de mujeres anhelantes de ayuda en esta área. En realidad, el noventa por ciento de los pedidos de oración en la mayoría de las iglesias están referidos a la salud física. Como vemos, hay mucho más que una pérdida de peso o que el aspecto personal en juego. Cuando estamos con sobrepeso somos mucho más proclives a la enfermedad y a tener problemas de salud, que pueden truncar prematuramente nuestro llamado.

Somos de la realeza y hemos sido llamadas a honrar a nuestro Rey con nuestro cuerpo. Eso no significa que debamos convertirnos en «Barbies con Biblias». Nunca volveré a ser tan delgada como cuando me eligieron la *Señora Estados Unidos*. Tengo más de cuarenta años y he tenido un bebé tarde en mi vida, y para ser sincera con ustedes, no tengo la disposición a trabajar dos horas por día para perfeccionar mi cuerpo con ejercicios. Sin embargo, sí estoy dispuesta a ejercer autocontrol y a procurar tomarme veinte minutos diarios para hacer ejercicios, despejar la mente y mantener un buen estado de salud. Sé que la batalla por perder peso y mantenernos saludables es muy real, pero creo que podemos ganarla.

Porque donde esté tu tesoro, allí estará también tu corazón.
Mateo 6:21

Nuestros cuerpos son templo del Espíritu Santo de Dios, y es tiempo de que aprendamos a valorar ese templo. El Espíritu del Dios viviente ha elegido nuestros cuerpos como el lugar de su morada. Desea que nosotras, las princesas del Rey, lo honremos con nuestros cuerpos.

¿No saben que ustedes son templo de Dios y que el Espíritu de Dios habita en ustedes?
1 Corintios 3:16

Si tuviéramos que ser sinceras con nosotras mismas, probablemente deberíamos admitir que la mayor parte de nuestros esfuerzos por perder peso han tenido como motivación el deseo de glorificarnos a nosotras mismas. En pocas ocasiones (si es que alguna vez lo hemos hecho) cuando consideramos un plan de pérdida de peso tenemos en cuenta a nuestro Señor y Rey y el llamado real que hay sobre nuestras vidas. Si lo pensamos con cuidado, la mayoría de nosotras haría cualquier cosa para resultarle atractiva a un hombre o verse bien en una reunión o en una boda. También perderíamos peso para lograr la aprobación de la gente y conseguir que nos prestaran atención. Pero, ¿por qué no encarar nuestras dietas como una manera de honrar a aquel que creó nuestros cuerpos? La verdad es que resultamos más eficaces en nuestro testimonio ante el mundo cuando nos sentimos saludables y tenemos control de nuestras dietas.

Antes de ser cristiana, perdí casi treinta kilos para poder competir por una corona terrenal. Solo podía pensar en mí, y la balanza determinaba mi día. Estaba dispuesta a pasarlo sin nada de aquella comida por la que moría y a dedicar incontables horas haciendo gimnasia para verme lo mejor posible. Dediqué cinco años a entrenar intensamente, y estaba entregada por completo a lograr lo que más ansiaba: el premio humano de una corona nacional. Muchos pensarán que cuando conquisté la corona me dije: «misión cumplida». Sin embargo al mirar hacia atrás, hacia esos años, descubro la razón por la que nunca logré ajustarme bien a la vida. Mi corazón era egoísta, todas mis metas tenían que ver conmigo misma, y estaba luchando por alcanzar esas metas en mis propias fuerzas, que no son muchas al enfrentar las tentaciones de la vida. Lo único que aprendí en ese período de mi vida fue a ser absorbida por mí misma, ¡y fui muy buena en eso!

Puede ser que tú nunca hayas deseado ganar un premio de belleza, pero sé que cada una de nosotras desea sentirse especial, amada y aprobada por otros. La mayoría de nosotras lucha en su mente una batalla permanente sobre la auto imagen. Deseamos que nuestros cuerpos tengan una determinada apariencia, queremos mantenernos dentro de cierto peso y a ninguna le gusta sentirse controlada por sus propios antojos. Nuestras dietas deben fundamentarse en nuestro deseo de honrar a nuestro Rey, y no ser una cuestión de privarnos de ciertos alimentos.

La reina Ester nos provee un buen ejemplo. Lo que la impulsó a querer ser reina no fue ganar una posición en la vida, sino una misión: la de salvar a su pueblo. La corona de Ester nunca tuvo que ver con riquezas o con gloria. Su corona terrenal tenía un valor eterno mucho mayor del que ella pudiera haber imaginado. Si perteneces al Señor, tú también tienes una misión. Si perteneces al Señor, tu Rey dice en su Palabra que debes honrarlo con tu cuerpo como un acto espiritual de adoración (Romanos 12:1). Él te dará todo lo que necesitas para alcanzar lo mejor, no para tu gloria sino para la de él.

Dios nos ama sin importar lo que comamos o lo mucho que pesemos. Pero él sabe que estamos sosteniendo una lucha en lo que se refiere al amarnos a nosotras mismas cuando permitimos un descontrol con respecto a las comidas; él sabe que luchamos por amarnos a nosotras mismas cuando se deteriora nuestra salud y estamos fuera de control. Así que imagina ahora que él está en el cuarto contigo. Él ha colocado sus brazos amorosos alrededor de ti. Te mira profundamente a los ojos, y te dice algo así:

Carta de amor de su princesa

Mi princesa:

Tu cuerpo es tan especial para mí que yo he creado con cuidado cada parte de ti. Verdaderamente has sido creada de una manera tremenda y maravillosa. Te hice a mi imagen, y te amo. No quiero que pierdas ni un día más preocupándote por lo que le falta a tu apariencia o por lo mucho que pesas. Ven a mí en la mañana y permíteme ser tu espejo. Permíteme planear tu dieta; permíteme ser la fortaleza que necesitas para volverte más saludable. No tienes que hacer esto sola. Estoy aquí para darte todo lo que necesitas para ser libre y estar en paz contigo misma.

Con amor,

Tu Rey, y el que te da identidad

Querido hermano, oro para que te vaya bien en todos tus asuntos y goces de buena salud, así como prosperas espiritualmente.

3 Juan 1:2

PROGRAMA DE DIETA DE SU PRINCESA PARA LOGRAR LA VICTORIA

1. ORA: Cada mañana confiesa tu debilidad ante Dios y pídele que te dé un espíritu de dominio propio. El primer paso para poder comenzar de nuevo es la confesión. Dios es fiel para limpiarnos cuando nos acercamos a él con nuestra confesión. Permíteme conducirte a esta oración:

ORACIÓN DE SU PRINCESA

Amado Jesús:

Deseo confesarte mi pecado. Perdóname por no honrarte con mi cuerpo. Con demasiada frecuencia olvido que mi cuerpo es el lugar de tu habitación. Te pido que escudriñes mi corazón y me muestres la manera en que estoy deteriorando tu templo. Cambia mi corazón y mis motivos. Confieso que no puedo ganar esta guerra contra mi exceso de peso por mis propias fuerzas. Necesito que tú seas mi fuente de poder y que me des sabiduría con respecto a lo que debo comer. Por favor, dame el fruto del dominio propio y ayúdame a honrarte con mi cuerpo, y a desear los alimentos que tú has planeado que yo coma.

En tu nombre, amén

Detente por un momento y reflexiona sobre lo que acabas de orar. Anota lo que el Señor te ha revelado con respecto a ti misma. Tal vez él desee que te deshagas de toda la comida chatarra que hay en tu cocina. Tal vez tu incapacidad para perdonar es lo que te está manteniendo cautiva de la comida, con la que buscas reconfortarte. No sigas adelante hasta que hayas escrito lo que Dios te haya mostrado.

2. BUSCA a alguien a quien rendir cuentas con respecto a llevar una dieta saludable y un programa de ejercicios físicos. Aún mejor: pídele a esa persona que se una a ti para hacerlo juntas.

3. AYUNA: Considera la posibilidad de hacer de tu dieta un ayuno para tu Rey. Durante treinta días haz un ayuno de harinas blancas, azúcar blanca y endulzantes artificiales.

4. ALEJA de ti lo que te tiente. No te permitas fracasar. Asume el control de tu cocina y quita de ella cualquier alimento que pueda tentarte a romper tus treinta días de ayuno.

5. PREPÁRATE PARA LA BATALLA. Si preparas tus comidas por adelantado (por ejemplo, cortando vegetales crudos y colocándolos en bolsitas individuales con servilletas de papel para que absorban la humedad), tendrás mejores chances de triunfar sobre la tentación. Si deseas otras

ideas útiles, visita mi sitio en la red: www.hisprincess.com.

6. INTENTA honrar tu cuerpo como el templo del Espíritu Santo; Dios te dará el poder para prevalecer. Encomienda tu dieta al Señor, como lo hizo Daniel, y luego escribe tu intención de ayunar y colócala en un sitio donde puedas verla cada día.

¡El sabor de ninguna comida supera
a la sensación
de sentirnos saludables!

LIBERTAD PARA HACER LO QUE DIOS NOS MANDA HACER

Yo no voy a ayudarlos mientras no destruyan
las cosas que les prohibí tocar.
JOSUÉ 7:12 (BIBLIA EN LENGUAJE ACTUAL)

Yo creo que llega un punto en el que Dios nos dice lo mismo que le dijo a Josué.

«Yo no voy a ayudarte, mi princesa,
hasta que hagas lo que te mandé hacer».

Vemos en Deuteronomio 20 que Moisés se acercaba al final de su vida. Había hecho todo lo que Dios le había pedido que hiciera. No era perfecto, pero estaba entregado al llamado de Dios. Moisés había enfrentado al faraón a pesar de sus temores, y había guiado al pueblo a salir del cautiverio. Él hizo lo mejor que pudo para lograr que los israelitas obedecieran al Señor. Deseaba que ellos vieran cumplirse las promesas de Dios. Pero eligieron sus caminos por sobre los de Dios y entonces tuvieron que pasar cuarenta años de sus vidas vagando sin destino por el desierto.

Elegir su propio camino condujo a los hijos de Israel a un nuevo tipo de cautiverio. Perdieron el momento de coronación de sus vidas, el momento de hacer algo grande: establecerse en la tierra prometida. Hoy a esa generación se la recuerda por su desobediencia. Moisés intentó advertir al pueblo elegido por Dios una vez más antes de morir: Dios desea bendecirlos, pero el recibir su bendición depende de la disposición de ustedes a obedecer sus mandamientos. Si elegimos desobedecer al Señor, no experimentaremos la plenitud de sus bendiciones. Pero, lo que es aun peor, Dios va a quitar el escudo de protección que ha puesto alrededor de nosotros. Moisés continúa advirtiéndoles acerca de las maldiciones y enfermedades que les sobrevendrán (Deuteronomio 28:15). Miremos en torno de nosotros. Vemos señales de esta verdad dondequiera que se produce rebelión contra Dios y los cristianos viven a su manera en lugar de hacerlo a la manera de Dios. No significa que Dios no nos ame cuando le desobedecemos. Su gracia y misericordia permanecen con nosotros independientemente de nuestras acciones.

Su amor es incondicional,
¡pero sus promesas no!

No experimentaremos:

- paz sin ejercer confianza.
- poder sin oración.
- victoria sin responsabilidad.
- sabiduría sin leer la Biblia.
- salud sin cuidar el templo de Dios (nuestro cuerpo).
- bendiciones sin obediencia.

Ahora imagina que Dios personaliza para ti lo que dice en Deuteronomio 30:19: «Hoy pongo al cielo y a la tierra por testigos contra ti, de que te he dado a elegir entre la vida y la muerte, entre la bendición y la maldición. Elige, pues la vida».

Tomémonos un momento para orar.

La oración de su princesa

Amado Jesús:

Quiero ser bendecida y guardada por tu escudo protector. Confieso ante ti hoy que he hecho algunas cosas a mi manera, y deseo elegir tu forma de hacerlas. Muéstrame todo aquello de lo que tengo que arrepentirme y toda situación en la que no estoy manejándome de acuerdo con tus caminos. Estoy dispuesta a abrirme paso hacia una vida de bendición en ti. Por favor, condúceme por tu Espíritu Santo por el sendero de justicia, y opera en mí lo que haga falta para prepararme para la obra que tú tienes para mí. Deseo hacer todo lo necesario para encaminarme en tu perfecta voluntad en mi vida. Hoy elijo vivir a tu manera.

En el nombre de Jesús, amén.

Yo hice una oración como esta hace dieciséis años, y el Señor me mostró que vivía a mi manera en amplias áreas de mi vida. Manejaba mi relación con mi mamá en la forma en que quería y no en la manera en que él quería.

Cuando quedé embarazada de mi hijo, no mantenía relación alguna con mi madre. Mis padres se habían divorciado cuando yo tenía trece años, y decidí mudarme con mi papá y mi nueva madrastra. Por supuesto, mi elección devastó a mi madre, y ahora que tengo una hija, me imagino la soledad y la sensación de rechazo que debió haber experimentado ella en esa época. Mi mamá sufrió mucho a causa de su pasado, su divorcio, el hecho de que su hija se hubiera ido y de que su madre la rechazara. Se encerró en sí misma y decidió no relacionarse conmigo. (Cuando no sabemos cómo manejar el dolor, creo que experimentamos un choque emocional y buscamos evitar pasar por más sufrimiento).

Pero entonces yo ya había crecido y estaba por tener mi propio bebé, y aunque mi madrastra había sido muy buena conmigo (me había ayudado a salir de las drogas, a perder peso y a mejorar mi vida en general), sentía que el Señor me instaba a reconciliarme con mi madre biológica. Le escribí una carta contándole que iba a ser abuela, y le pedí que viniera a visitarme cuando llegara el bebé. Unas pocas semanas después recibí por correo una caja de su parte, y pensé que era un regalo para el bebé, así que me apresuré a abrirla. Para mi sorpresa, se trataba de una colección de objetos de cuando yo era bebé: zapatitos, fotos y mi certificado de nacimiento, con una nota adjunta que decía: «Desearía que nunca hubieras nacido. Nadie me ha causado tanto dolor en la vida».

Antes de que juzguen a mi mamá, deben saber que ella no era una persona horrible, sino alguien muy herida que no había sido sanada aún por el Señor. Yo comprendo todo eso ahora, pero no lo comprendí en ese tiempo. Mi sufrimiento emocional fue tan grande que caí al piso enroscada en posición fetal, y clamé a Dios: «¿Por qué tengo que sufrir a causa del pecado de mis padres? No fue mi culpa que ellos se divorciaran. No fue culpa mía tener que elegir vivir con uno de ellos. ¡No creo haber hecho nada mal!» Entonces el Señor susurró a mi espíritu: «Yo tampoco, pero aun así fui a la cruz por ti». Mientras derramaba un balde de lágrimas, obedecí a mi Señor y le escribí una carta a mi mamá pidiéndole que me perdonara por todo lo que hubiera hecho que la hubiera herido. No le mencioné cuánto me había herido ella. No voy a juzgar a mi madre por lo que ella no es. Sé que ella hizo lo mejor que pudo bajo las horribles circunstancias familiares en las que le había tocado vivir.

Hoy yo amo a mi mamá. Hoy mi madre es una cristiana nacida de nuevo. Hoy mi mamá vive cerca de mí y es una maravillosa abuela. Y mi hija nunca conocerá a la mujer quebrantada que me crió porque su pasado está en el mismo lugar que el mío: ¡en la cruz!

El que encuentre su vida, la perderá,
y el que la pierda por mi causa, la encontrará.
MATEO 10:39

Mucha gente se ve afectada por la disyuntiva entre obedecer a Dios y elegir la vida, o no hacerlo. Elegí la vida cuando obedecí el mandamiento de Dios de reconciliarme con mi madre, y mi hijo Jake, de dieciséis años, ha sido un testigo de primera mano de su sanidad. Mi madre tiene ahora la oportunidad de amar a mi hija de la manera en que le hubiera gustado amarme a mí cuando yo era una niña. Yo he sido liberada de ese enemigo que es la falta de perdón y me he convertido en la mamá amorosa que deseo ser. Cuando hacemos lo que nuestro Dios nos pide que hagamos, cambiamos. Nuestra vida y la vida de aquellos que nos rodean cambian. Dios mismo nos prometió que si lo amamos y lo obedecemos, él va a bendecirnos generación tras generación (Génesis 17:7).

Tómate un momento para reflexionar sobre tu propia vida. ¿Luchas interiormente con alguna relación del pasado sobre la que el Señor te llama a buscar reconciliación? ¿O todavía encuentras, después de muchos años, cosas tan dolorosas en tu corazón que te preguntas si puedes atravesar esa situación y ser sanada? Por amor a tu libertad, quiero que imagines que tu Salvador te dirige la siguiente carta a ti personalmente:

CARTA DE AMOR A SU PRINCESA

Mi princesa, triunfa en las pruebas

Yo te veo cuando estás en el jardín de los sufrimientos, mi princesa. Te oigo clamar pidiendo ayuda durante las horas oscuras de la noche. Yo mismo clamé en ese jardín la noche en que fui traicionado. En mis sufrimientos, le pregunté a mi Padre si no había otra manera, una manera menos dolorosa. Sin embargo, confié en su voluntad y propósito para mi vida y supe que la victoria final estaba en la cruz. Así como las aceitunas deben ser prensadas para obtener el aceite a partir de ellas, así yo derramé mi vida como una ofrenda de amor por ti. Nunca dudes de que yo estoy contigo y que deseo llevarte a un lugar de consuelo, paz y victoria. Aun cuando no me veas desde donde estás, yo estoy obrando a tu favor. Entrégame el peso aplastante de tus circunstancias y acércate a mí en oración. Cuando sea tiempo de abandonar el jardín, caminaré junto a ti a través del valle y te llevaré directamente a la cruz, lugar en el que tus pruebas se transformarán en triunfo.

Con amor,

Tu Salvador y el Victorioso

Pues ya saben que la prueba de su fe produce constancia. Y la constancia debe llevar a feliz término la obra, para que sean perfectos e íntegros, sin que les falte nada.
Santiago 1:3-4

Si sientes que el Señor te pide que hagas algo ahora, tómate un momento para escribir esa instrucción dicha por su suave voz, porque de otro modo, cuando llegue la oscuridad, dudarás acerca de que Dios te haya dado su luz. Yo sé que muchas veces los caminos de Dios no parecen el sendero que conduce a la victoria. Pero el rey Salomón nos previno en el libro de Proverbios que hay caminos que a los hombres les parecen rectos (o sea, a nosotros), pero que acaban en destrucción (Proverbios 14:12). Sepamos que si queremos llegar a conocer la libertad en Cristo, tendremos que hacer exactamente lo que Dios nos pide que hagamos, independientemente de lo extrañas que nos parezcan sus instrucciones.

Consideremos algunos de los planes de batalla que aparecen en el Antiguo Testamento. Nuestro Rey tiene algunas ideas muy particulares con respecto a como llevar a la victoria a algunos de sus elegidos. Por ejemplo, le dijo a Gedeón que mandara de regreso a su casa a casi todo su ejército antes de ir a la guerra contra un mar de enemigos listos para destruir a Israel. Gedeón obedeció y se paró en el campo de batalla solo con trescientos hombres armados no con espadas sino con antorchas y trompetas. Ellos habían oído y obedecido las órdenes de su Rey. El ejército de Gedeón no solo ganó la batalla, sino que ninguno de los trescientos hombres murió. Y tuvieron el privilegio de ver a Dios en acción en medio de su guerra personal. Aprendamos de Gedeón. Muchas veces corremos el riesgo de destruir nuestras propias vidas al hacer lo que pensamos que es correcto, en lugar de hacer lo que Dios sabe que es lo adecuado.

Así que, como Gedeón, no sigas a nadie para entrar en batalla, salvo al Señor. Él dio su propia vida por ti, por lo tanto, resulta claro que se ha ganado el derecho de dirigirte. Y, como otro ejemplo del Antiguo Testamento lo señala, al seguir el consejo humano en lugar de obedecer la palabra de Dios, puedes acabar como los israelitas, vagando por el desierto. Al igual que ellos, perderás muchas de las bendiciones que Dios tiene para ti.

Recuerda lo que sucedió cuando Moisés envió doce hombre a Canaán para comprobar cómo eran los gigantes contra los que Israel tendría que pelear para entrar a poseer la tierra prometida (Números 13:17-31). Diez de los espías volvieron diciendo: «¡No hay manera de ganarles!» Dos de los espías tomaron a Dios al pie de la letra y declararon: «¡Podemos ganarles!» Lamentablemente, los israelitas actuaron en base a las palabras desalentadoras de los hombres en lugar de atender la palabra poderosa y probada de Dios, y perdieron las bendiciones que Dios había preparado para ellos cuando los liberó del cautiverio.

«Sean fuertes y valientes.
No teman ni se asusten ante esas naciones,
pues el SEÑOR *su Dios siempre los acompañará;*
nunca los dejará ni los abandonará».
DEUTERONOMIO 31:6

LIBERTAD PARA ABRIR EL REGALO QUE TU DIOS HA COLOCADO DENTRO DE TI

Cada uno ponga al servicio de los demás el don
que haya recibido, administrando fielmente
la gracia de Dios en sus diversas formas.
1 PEDRO 4:10

Para ganar la victoria es importante encontrarse en la posición adecuada dentro del campo de batalla. Dios te ha creado con un don que él desea que entregues al mundo. El día en que recibiste nueva vida en Cristo, ese don fue despertado y puesto en funcionamiento por el Espíritu Santo para ser usado en el reino de Dios. El don es algo que a ti te encanta hacer, algo que te llena de energías y que te da gozo; es el lugar al que perteneces en medio de la batalla.

Si el Señor te enviara una carta personal con respecto a tu don, tal vez diría algo así:

Carta de amor a su princesa

Mi preciosa princesa:

Te he dado el don de la vida eterna, pero mi don no se detiene allí. Dentro de ti hay una sorpresa sobrenatural, un regalo que aguarda ser desenvuelto... por ti.

Sí, está allí, mi amada. Está escondido detrás de los sueños, y espera que tú lo alcances. Pero también se encuentra absorbido por las distracciones diarias y ahogado por las desilusiones. Ven a preguntarme sobre él, hija mía, y yo te enseñaré a desenvolver lo que he colocado dentro de ti desde antes del día en que naciste. Hallarás tu don en aquel lugar de tu vida que te produce la mayor satisfacción y en el trabajo que más te gusta hacer. Al usar ese don, hallará satisfacción tu alma, pero ese don no es solo para ti. Te lo he dado para que lo transmitas mientras brillas sobre la tierra para mí. No pierdas ni un día más intentando ser aquello para lo que no has sido diseñada. Así que, pídeme y yo te revelaré quién eres verdaderamente y lo que estás destinada a hacer para mi reino.

Con amor,

Tu Rey, que anhela verte abrir tu regalo

¿Recuerdas haber soñado con aquello que querías ser cuando crecieras? Todas estábamos seguras de que podríamos ser cualquier cosa que deseáramos. ¿Qué le sucedió a esa confianza nuestra? ¿Cómo fue que de una niñita que podía hacer cualquier cosa nos transformamos en una mujer que se siente completamente insegura de sí misma?

Tal vez empezamos a buscar que otras personas validaran lo que somos. Si alguna vez vamos a convertirnos en todo aquello para lo que Dios nos ha dotado, entonces tendremos que permitirle al Señor decirnos quiénes somos, cuál es nuestro valor, y lo que desea que hagamos al pelear la buena batalla, como decía el apóstol Pablo. No podemos escuchar las voces que nos llegan desde el mundo. Permítanme darles un ejemplo. Cuando estaba en la escuela secundaria, un maestro de inglés me dijo, frente a todos mis compañeros, que yo había nacido para ser una perdedora. Desde ese día en adelante, odié la escuela, y las palabras de ese maestro se convirtieron en lo que me dio identidad durante años. Nunca fui a la universidad, y por mucho tiempo creí que nunca iba a hacer nada que sirviera en la vida. Pero Dios mismo intervino y cambió esa creencia errada que tenía de mí misma, y lo hizo de una forma radical e inesperada. ¿Recuerdan esa cena en una fiesta de la que les hablé antes? Alguien allí me hizo el siguiente comentario: «He oído que eras gorda, judía y que estabas en drogas. ¿Cómo fue que te volviste cristiana?» Esa noche, mientras volvíamos a casa con mi marido, me sentí muy avergonzada. Estaba agradecida por todo lo que el Señor había hecho en mi vida, pero esa mujer verdaderamente me había hecho sentir muy mal. Sin embargo, estaba sucediendo mucho más de lo que yo podía percibir dentro de esa situación.

Esa noche mi Rey comenzó a desenvolver el don que él había colocado dentro de mí. Y solo unas pocas semanas después, esa misma señora de voz chillona me llamó y me pidió que diera mi testimonio delante de una cantidad de líderes cristianos aun mayor que la del primer encuentro. Hoy soy una oradora dedicada a tiempo completo, y no hay nada que me guste más que hablarle a la gente sobre Jesús. Siempre supe que tenía una profunda pasión por comunicarme con la gente; pero nunca había reconocido esa pasión como un don que Dios me había dado.

Todos tenemos una habilidad que nos surge naturalmente, y que nos hace revivir por dentro. ¡Y algo maravilloso sucede en nuestro ser cuando descubrimos aquello que estamos destinados a hacer para la gloria del Rey!

Tómate un momento para hacer esta oración:

La oración de su princesa

Amado Dios:

Quiero que mi vida sea un regalo para otros. Necesito que me ayudes a superar mis inseguridades. Deseo que tú desenvuelvas en mi interior la persona que tú planeaste que fuera. Ayúdame a abandonar el intento de conseguir la aprobación de otras personas, cuando ya cuento con la tuya.

Lo pido en el nombre de Jesús, amén.

Tu Rey desea que vivas con pasión y propósito. Quiere que tengas total paz con respecto a la persona que eres y a lo que has venido a hacer a la tierra. Así que piensa por un momento acerca de lo que te proporciona energías y entusiasmo. Mi oración es que no desperdicies ni un día más sin abrir tu don, o intentando abrir un don que no lleve tu nombre escrito en él. (¿Te imaginas si en la mañana de Navidad te pusieras a abrir regalos que no te pertenecen, o lo que es peor, te quedaras mirando a los demás disfrutar de sus presentes mientras tu titubeas en cuanto a abrir los tuyos?)

Nuestro Salvador murió en la cruz para darnos el don de la vida eterna, pero nuestro Dios no permitió que su Hijo unigénito permaneciera sobre ese brutal instrumento de muerte. Dios resucitó a Jesús de entre los muertos y lo levantó a un lugar de poder para que nosotros pudiéramos vivir una vida abundante. Esa vida abundante se produce, en parte, cuando abrimos el don especial que tenemos adentro y lo entregamos al mundo. Tú eres una princesa especial del Rey, y tu don es parte de su plan eterno. No desperdicies tu vida tratando de acomodarte dentro de una «caja de regalo» que te resulta demasiado grande o demasiado chica. El don que Dios te ha dado encaja perfectamente con tu personalidad, es tu propósito para la vida y la posición desde la que obtendrás victoria.

Tómate un momento para tratar de identificar tu don, haciéndote las siguientes preguntas:

¿Qué es lo que me gusta hacer?

¿Qué es lo que me anima interiormente?

Me gusta:

- Ejecutar un instrumento musical
- La creación artística
- Realizar artesanías o desarrollar un oficio
- Servir a otros
- Cantar en un grupo o como solista
- La actuación teatral
- Enseñar
- Coordinar eventos

- Encarar proyectos de vanguardia
- Escuchar a la gente
- Aconsejar a las personas que sufren
- Guiar a las mujeres jóvenes
- Hospedar gente en mi casa
- Ayudar en lo que requiera organización
- Trabajar con niños pequeños
- Dedicar tiempo a los adolescentes
- Ser voluntaria en obras de caridad
- Recaudar dinero para apoyar ministerios
- Alguna otra cosa: ________________

Tenemos dones diferentes, según la gracia que se nos ha dado. Si el don de alguien es el de profecía,que lo use en proporción con su fe; si es el de prestar un servicio, que lo preste; si es el de enseñar, que enseñe; si es el de animar a otros, que los anime;si es el de socorrer a los necesitados, que dé con generosidad; si es el de dirigir, que dirija con esmero; si es el de mostrar compasión, que lo haga con alegría.

ROMANOS 12:6-8

La palabra de Dios nos enseña que cada uno tiene un don diferente. Sin embargo, todos formamos parte de un cuerpo espiritual. Por lo tanto, cada miembro (cada uno de nosotros) necesita hacer su parte si es que vamos a ser una iglesia saludable. También debemos dejar de compararnos con otros miembros del cuerpo, y ser cuidadosos para no juzgar a otros por lo que no son. Todos servimos al mismo Rey, pero en diferentes funciones.

Pues así como cada uno de nosotros
tiene un solo cuerpo
con muchos miembros, y no todos estos miembros
desempeñan la misma función, también nosotros,
siendo muchos, formamos un solo cuerpo en Cristo,
y cada miembro está unido a todos los demás.

Romanos 12:4-5

Si estuviéramos en un verdadero campo de batalla, enfrentando una guerra en la esfera natural, el hecho de que ganáramos dependería en gran medida de que cada uno hiciera aquello para lo que ha sido entrenado. ¿Podríamos imaginar que se pusiera en primera línea a alguien que no supiera usar un arma de fuego? ¿Y qué tal si se permitiera que algunos soldados realizaran cirugías a los heridos en lugar de que lo realizaran los médicos?

No tenemos la capacidad de ver las armas que se utilizan en contra de nosotros en la esfera espiritual, pero Dios nos advierte que están allí. La manera más eficaz en que podemos encarar la lucha (y cumplir con el llamado real que tenemos) es usar los dones que Dios nos ha dado a cada una de nosotras, tanto de una manera individual como colectiva.

LOS DONES DE SU PRINCESA

La princesa profetisa
Si tienes el don de profecía, entonces eres naturalmente fuerte en tus convicciones. Puedes alentarnos a ser valientes al abogar por la justicia y conducirnos a ganar la victoria haciendo frente al enemigo de nuestra alma con intrepidez y dejando al descubierto el pecado. Tú constituyes un excelente ejemplo de lo que significa temer más a Dios que a los hombres.

La princesa servidora
Si tienes el don del servicio, naturalmente percibes las necesidades que el resto de nosotros no alcanza a ver. Sabes como ocuparte de los demás, y encuentras gozo (que también transmites) al hacer que sucedan cosas que demuestren cuidado y afecto. Constituyes un excelente ejemplo de la manera en que Jesús desea que nos sirvamos los unos a los otros.

La princesa maestra
Si tienes el don de la enseñanza, eres una guardiana dentro del ejército cristiano. Puedes discernir

la verdad, puedes enseñarnos, y puedes ayudarnos a alcanzar una mejor comprensión de las verdades del Rey. No podríamos sobrevivir en la batalla sin ti. No podríamos obedecer los mandatos de nuestro Rey si tú no nos enseñaras cómo ponernos en orden con Dios. Eres un excelente ejemplo de cómo vivir con profundas convicciones en el corazón.

La princesa que alienta
Si tienes el don de animar, eres la directora de los que corean gritos de aliento a los demás. Te necesitamos particularmente cuando alguien o algo nos lastima. Tú nos ayudas a continuar peleando la buena batalla, nos recuerdas las verdades eternas de nuestro Rey, y nos asistes para que podamos elevarnos a nuevas alturas en él. Tú constituyes un excelente modelo de cómo edificarnos los unos a los otros en la fe.

La princesa dadivosa
Si tienes el don de dar, tú estás ayudando a suplir nuestras necesidades, tanto espirituales como prácticas. Además nos enseñas a ser generosas y nos ayudas a descubrir el verdadero gozo de dar. Tu don va mucho más allá de lo que hacen las organizaciones de caridad, y produce cambios en la vida, porque tienes un tremendo deseo de ver

que el reino de Dios avance. Eres un tremendo ejemplo de lo que significa invertir en la eternidad.

La princesa conductora

Si tienes el don del liderazgo, logras que las cosas se realicen porque haces que las cosas sucedan. Sin ti no habría retiros, ni convenciones, ni orden dentro de la iglesia. Tú eres capaz de ver el cuadro general, sabes cómo conducir a las personas al lugar en el que pueden servir mejor, y contribuyes a que los sueños se vuelvan realidad. Constituyes un excelente modelo de lo que significa poner nuestras buenas intenciones en acción, en funcionamiento.

La princesa misericordiosa

Si tienes el don de la misericordia, eres parte del sistema nervioso del cuerpo de Cristo. Puedes sentir nuestros sufrimientos, compartes nuestras cargas, nos escuchas de todo corazón, y nos muestras cómo servir a otros intensamente. Cuando tú entregas a los demás tu don, nos muestras lo que es la misericordia de Dios, y nos ayudas a atravesar los tiempos más difíciles de nuestra vida. Eres un excelente ejemplo de la manera en que Dios muestra su ternura y afecto al mundo.

Oro a Dios pidiendo que encuentres tu don y que lo puedas usar para bendecir a otros sin tratar de impresionar con él a los demás. Y también que nunca más dudes de que has sido llamada para cumplir un propósito dentro del reino.

LIBERTAD PARA SALIR DEL PASADO

«Olviden las cosas de antaño;
ya no vivan en el pasado.
¡Voy a hacer algo nuevo!»
Isaías 43:18-19

Sé por la experiencia de mi doloroso pasado que resulta más fácil decir que hacer lo que dice este versículo. Es difícil «olvidar las cosas de antaño» y verdaderamente creer que Dios «va a hacer algo nuevo» en nuestros corazones y en nuestras vidas. Necesitamos recordar que nuestro pasado permanece en nuestro recuerdo para enseñarnos y no para atormentarnos.

Si el Señor te escribiera lo que dice esta escritura en forma de una carta de amor, diría algo así:

Carta de amor a su princesa

Mi princesa:

¡Olvida las cosas pasadas! Todos han pecado y están destituidos de mi gloria. Si tú has confesado tus pecados, ya te los he perdonado, ¡así que sigue adelante! Di mi vida para que pudieras ser libre de tu pasado y vivir una vida nueva en mí. Perdona a aquellos que te han herido; y lo que es más importante, perdónate. No hay error tan grande como para que yo no pueda redimirte. Lee mi Palabra, mi amada. Todos aquellos a los que elegí han cometido errores y han pasado por pruebas. Yo estuve con ellos, y estoy contigo hoy. Estoy listo a hacer algo nuevo en ti, así que confía en mí para obrar en cuanto a aquellas cosas que han salido mal en el pasado. Es tiempo de que mires hacia delante y hagas lo que te he enviado a hacer.

Con amor,
Tu Salvador Jesús

NUESTRO REY EN ACCIÓN

Sadrac, Mesaac y Abednego, tres hombres profundamente comprometidos con Dios fueron echados en un horno de fuego ardiente por amar a Dios y obedecerlo aun cuando hacer eso fuera en contra de las leyes civiles. La sabiduría humana predijo que esos hombres morirían quemados, pero Dios tenía un plan mejor. No solo sobrevivieron al fuego, sino que ni siquiera tenían olor a humo cuando los guardas los sacaron de en medio de las llamas.

Algo hermoso sucede dentro de nosotros cuando emergemos de ciertos fuegos abrasadores de la vida. Somos purificados por el fuego. Apreciamos la vida de una manera más profunda. Nuestra fe en Dios se vuelve más firme, y nuestra capacidad de soportar adversidades en el camino de la fe crece.

Cuando el platero coloca su precioso metal en el fuego, nunca le saca los ojos de encima, y no lo quita de allí hasta que puede verse reflejado en él. Del mismo modo, nuestro Rey está más preocupado por nuestro carácter que por nuestra comodidad, así que nos permite permanecer en el fuego hasta que él puede verse reflejado en nosotros. Después de todo, es el tener un carácter semejante al de Cristo lo que nos dará la capacidad de soportar, para poder ganar esta guerra espiritual que enfrentamos contra el enemigo de nuestras almas. Y con un carácter parecido al de Cristo, podremos causar un impacto en las futuras generaciones para el adelanto del reino de Dios.

Pues ya saben que la prueba de su fe
produce constancia.
Y la constancia debe llevar a feliz término la obra,
para que sean perfectos e íntegros,
sin que les falte nada.
SANTIAGO 1:3-4

Al ser redimidos por Dios, nuestros sufrimientos nos pueden dar el vigor para alcanzar el objetivo. Recordemos a aquel maestro de inglés que me dijo que yo había nacido para ser una perdedora. Veinte años después que él hizo esa afirmación, yo fui invitada a hablar en una convención en California ante trece mil maestros. De nuevo en esa ocasión, al recibir la invitación, solo podía pensar en lo poco calificada que me sentía como para hablar delante de un grupo tan numeroso de educadores. Estaba segura de que si no le había gustado a un maestro de inglés, entonces todos los demás maestros tendrían un sentimiento parecido con respecto a mí.

Nunca olvidaré ese momento en que, sentada en el escenario, en Sacramento, esperaba llena de ansiedades el momento de hablar. Sostenía en mis manos una bolsa de papel para respirar dentro de ella y así evitar una hiperventilación que me provocara un desmayo. Al mirar a ese mar de maestros, escuchaba una voz en mi cabeza susurrándome: *Tú naciste para ser una perdedora.* Pero entonces convertí mi temor en oración, y el Señor me recordó que yo ya había pasado por ese mismo centro de convenciones con anterioridad.

La última vez que había estado en ese edificio, yo estaba muy drogada, adorando a una banda de rock pesado y cantando acerca del diablo. En el preciso momento en que ese recuerdo atravesó por mi mente, me llamaron para hablar. Me acerqué al pulpito y me planté allí no como la persona que había sido, sino como aquella en la que me había convertido en Cristo. Les transmití, con un corazón agradecido, lo que Dios había hecho por mí, y hablé con mi confianza puesta en Dios y no en mí misma. Alenté a los maestros a recordar lo grande que era su influencia sobre las futuras generaciones. Les recordé que estaban educando a nuestros futuros dirigentes. Cuando acabé de hablar, recibí una ovación, de pie, por parte de aquella gente a la que más temía: ¡los maestros!

Fue durante esa ocasión en la que me había comprometido a hablar que me di cuenta de que Dios había usado a mi maestro de inglés para enseñarme esta regla de puntuación: No pongas un punto en tu vida en el lugar en el que Dios ha colocado una coma. Dios tiene un plan para cada persona que ha creado. Tiene un plan maravilloso para ti personalmente, y él lo cumplirá si tú le entregas tu dolor, tus problemas y la gente que te ha herido, porque tu papá del cielo sabe como colocarte en una posición de realeza a pesar de que haya quienes intentan evitar que su propósito se cumpla en tu vida. Ese maestro de inglés quería que yo pusiera un punto final en mi vida; decididamente Dios no lo quería.

«Porque yo sé muy bien los planes que tengo
para ustedes—afirma el SEÑOR—,
planes de bienestar y no de calamidad,
a fin de darles un futuro y una esperanza».
JEREMÍAS 29:11

No pongas un punto en tu vida en el lugar en el que Dios ha colocado una coma.

Oración de otra princesa por ti

Oro para que dejes tu pasado en el lugar que le pertenece: la cruz, para que sea perdonado y redimido por Jesús. Y también oro para que te concentres en vivir según el propósito de realeza que Dios te ha dado para esta vida. Nuestro Rey espera que tú le digas: «Sí, Señor, ¡te representaré delante del mundo!». Independientemente de lo que hayas sido o hayas hecho, Dios puede usarte para su Reino, y lo hará.

En el nombre de Jesús, yo oro esto por ti, amén.

EL APÓSTOL PEDRO tuvo que MARCHAR HACIA ADELANTE y abandonar sus sentimientos de culpa. Él había negado a Jesús tres veces, pero si se hubiera quedado con esa culpa en su interior, no hubiera cumplido su llamado como apóstol del Rey. Tampoco hubiera contribuido con las sagradas Escrituras que podemos leer hoy.

LA REINA ESTER tuvo que AVANZAR abandonando su identidad de huérfana desvalida para aceptar el llamado de Dios a ser una reina. Si ella se hubiera concentrado en lo poco calificada que estaba para reinar, hubiera perdido la oportunidad de salvar al pueblo judío y de formar parte del gran plan eterno de Dios para sus elegidos.

EL REY DAVID tuvo que MARCHAR HACIA ADELANTE dejando atrás su pecado de adulterio y asesinato. Él clamó a Dios y recibió su perdón. Dios es tan lleno de gracia que él pudo hacer algo bueno a partir de esas malas elecciones de David, a través de darles a él y a Betsabé al rey Salomón como hijo una vez que se arrepintieron y siguieron adelante.

EL APÓSTOL PABLO tuvo que AVANZAR, dejando de ser un pretencioso perseguidor de los cristianos, para abrazar su llamado de servir a Jesús, el Señor y Salvador de la misma gente a la que había perseguido. Si Pablo no hubiera dejado atrás su pasado, el Nuevo Testamento sería mucho más corto, y nosotros nos hubiéramos quedado sin su intrépido y apasionado ejemplo de vida, una vida totalmente dedicada a Cristo.

Hemos sido llamadas a ser las princesas de Dios, y él nos hace libres para servirlo y reinar con él por el poder de su gracia, su misericordia, y su perdón. Somos nuevas criaturas porque él nos amó hasta dar su propia vida. ¡Amén!

La oración de su princesa

Señor:

Tu Palabra me dice que soy una nueva criatura, que no soy la misma persona que era antes de conocerte, y que mi viejo yo ha quedado en el pasado. Deseo desesperadamente creer en eso, pero necesito tu ayuda. Por favor, muéstrame la forma de vivir como la nueva persona que tú has hecho de mí. Renueva mi mente, mi espíritu, y la imagen que tengo de mí misma. Por favor, muéstrame las cosas que necesito hacer para representarte adecuadamente. Hazme tan blanca como la nieve y dame un corazón que apunte hacia la eternidad. Elijo en este día creer que tú me completarás en todo sentido.

En el nombre de Jesús te lo pido, amén.

Tómate un momento para revisar una vez más el plan de batalla del Rey para alcanzar la LIBERTAD:

- Encontrar las raíces del sufrimiento o pro blema
- Correr hacia Dios

- Hacer correcciones de rumbo en la vida
- Comer y hacer gimnasia para ganar
- Poner por obra lo que Dios te ha mandado hacer
- Abrir el regalo que tu Rey ha colocado dentro de ti
- Marchar hacia adelante, dejando el pasado

Aplicar este plan para lograr la libertad en tu vida resulta clave para poder reinar en victoria con tu Rey. La verdadera libertad es algo por lo que vale la pena luchar, así que pelea la buena batalla, ¡en sus fuerzas! Entonces conocerás la victoria total, lo que implica vivir con propósito en tu corazón, paz en tu mente y el poder para realizar grandes cosas. ¡Esa es la única manera en la que debería vivir una princesa suya!

Dichoso el que resiste la tentación porque,
al salir aprobado, recibirá la corona de la vida
que Dios ha prometido a quienes lo aman.
SANTIAGO 1:12

Relaciones de carácter real

EL ARTE DE AMARNOS UNOS A OTROS

¿Qué es lo que hace que nuestros corazones se derritan cuando ocupamos nuestras butacas en un teatro para presenciar una gran historia de amor? No es la fortaleza física del héroe o la belleza de su amada. Nos dejamos llevar por el poder del verdadero amor y por su inexplicable capacidad de prevalecer a pesar de las tragedias y las dificultades. A menudo, cuánto mayor es el conflicto, tanto más grande se vuelve el amor.

Sin embargo, tenemos un problema cuando nos acostumbramos a ver que los problemas de relaciones se solucionan en el tiempo que nos lleva comer una bolsa de palomitas de maíz y beber una gaseosa. Nuestro héroe y su hermosa muchacha cuentan con menos de dos horas para vencer a los dragones y superar increíbles desafíos que se les presentan (y aún menos tiempo si lo que estamos mirando tiene lugar dentro de una comedia televisiva, en la que los conflictos de relaciones se resuelven mágicamente en menos de treinta minutos). Tú y yo no tendremos la posibilidad de solucionar repentinamente las situaciones que se nos presenten en una relación usando nuestra propia sabiduría, y con toda seguridad no lo lograremos en menos de dos horas. Con todo, el autor del amor, nuestro Príncipe de paz, nos ha dejado un escrito, su Palabra, que se refiere a las auténticas relaciones entre miembros de la realeza que nos pueden conducir al final feliz que anhelamos.

Unos pocos años atrás, volé a medianoche, junto con mi marido, en un viaje de larga distancia a través del país. El vuelo era apacible, habían bajado las luces, y el ronroneo de los motores acunaba a los pasajeros, muchos de los cuales ya dormían. «¿Bailarías conmigo?», me susurró mi marido. ¿Cómo podía resistirme a ese momento espontáneo de romance?

Momentos después estábamos en la parte de atrás del avión, abrazados y bailando nuestra propia música a cuarenta mil pies de altura. Estábamos en nuestro propio mundo cuando una de las auxiliares de a bordo tocó a mi marido en el hombro.

«Lamento interrumpir este momento romántico, pero... verán... hemos hecho una apuesta entre los miembros de la tripulación con respecto a que ustedes dos están teniendo una aventura...»

«Bueno... ¡nos pescaron!», respondió mi marido. «Ella es mi recién desposada... desde hace quince años. ¡Y nos gusta tener una "aventura" como esta cada vez que podemos».

La auxiliar de a bordo comenzó a reírse, pero unos momentos después otra de ellas se acercó a nosotros con lágrimas en los ojos.

«No tienen idea de lo mucho que necesitaba ver que ustedes se amen de esta forma. ¡Estaba a punto de pedir mi divorcio esta semana!»

El mundo necesita ver esposos y esposas cristianos que se aman. Nuestros hijos, nuestros amigos, y aun aquellos que son completos extraños esperan secretamente ver que el amor verdadero es posible en este mundo de traición y dolor. Necesitan recuperar la esperanza en cuanto a que el amor puede volver a encenderse, que ese fruto puede crecer aun en un árbol moribundo.

Ese momento romántico con mi marido era fruto de cuidar mucho nuestra relación (y hasta de pelear desesperadamente por ella). Y lo conseguimos luego de muchas lágrimas y de batallar con la dolorosa realidad de que nuestro matrimonio estaba lejos de ser perfecto. Debimos poner todo de nuestra parte para superar las diferencias y permanecer casados, y para aprender el arte de amarnos realmente el uno al otro. La tragedia es que muchos de los matrimonio se dan por vencidos demasiado pronto y nunca llegan a saborear la dulzura de bailar a la medianoche.

«No es bueno que el hombre esté solo».
GÉNESIS 2:18

A cada paso de su labor creativa, Dios declaró que la obra de sus manos era «buena». ¿No resulta interesante que la primera cosa que según la evaluación de Dios no había resultado buena fuese Adán, parado ahí solo en el jardín? «No es bueno que el hombre esté solo.» Y este versículo de Génesis no se refiere únicamente al matrimonio. Tiene que ver con las relaciones. Dios nos hizo con la necesidad de relacionarnos: precisamos el uno del otro para experimentar el verdadero gozo de la relación.

Alguien le preguntó una vez a la Madre Teresa cuál era la peor enfermedad que agobiaba a la humanidad. Esa pequeña mujercita había dedicado su vida a un servicio sacrificado, ministrando a los enfermos y moribundos de Calcuta uno por uno. De acuerdo con la Madre Teresa, la peor enfermedad es la soledad y, lamentablemente, se da de una manera desenfrenada en las civilizaciones occidentales como los Estados Unidos más que en ninguna otra parte del mundo. Tal vez el alcanzar confort y todos los aparatos domésticos necesarios nos obstaculizan el camino para no ver aquello que más necesitamos: tenernos el uno al otro.

Más valen dos que uno, porque obtienen más fruto de su esfuerzo. ¡Ay del que cae y no tiene quien lo levante!
Eclesiastés 4:9-10

La soledad, como un cáncer, puede no manifestar síntomas al principio. Sufrimos interiormente, pero aparentamos estar bien exteriormente. Le sonreímos a la gente en nuestro trabajo, cantamos sentadas en el banco de la iglesia, y hacemos un buen trabajo intentando mantener una expresión en el rostro que transmita la idea de que «la vida es fantástica y yo soy feliz». Sin embargo, si fuéramos sinceras con nosotras mismas, muchas diríamos: «Me siento muy sola».

¿Por qué sufrimos en medio de una desesperación callada y solitaria?

1. *Tal vez por no aparecer como personas débiles o necesitadas.*
Así que elegimos permanecer aisladas; y creamos una imagen que transmita la idea: «Me siento segura arreglándomelas por mí misma». Al enemigo de nuestras almas le encanta que hagamos eso. Aún más: él siempre intenta separarnos de las

otras personas. En eso consiste precisamente una de sus estrategias más importantes y menos perceptibles. Cuando un león siente hambre, este rey de los animales no persigue a toda una manada. No puede vencer a una manada, y ni siquiera lo intenta. En lugar de eso, persigue a algún animal solitario. Del mismo modo, el diablo trata de separar del cuerpo de creyentes a alguna víctima confiada. Su meta es aislar a la débil, porque él puede percibir más allá de la sonrisa dibujada en el rostro. Es como colocarnos un blanco en el pecho y decirle: «¡Ven a hacer presa de mí, Satanás! ¡Estoy sola!»

2. *Tal vez tememos ser heridas o rechazadas.*
Así que nos convencemos de que no necesitamos a nadie. Ignoramos la voz interior que grita: «¡Por favor, alguien que me ame!» Muchas de nosotras no sabemos cómo dar o recibir amor, así que cerramos la puerta de nuestro corazón y nos aislamos de la verdadera fuente de vida y amor. Nos separamos del rebaño y, usando una metáfora contradictoria, nos convertimos en algo parecido a un estanque en el desierto. No entra agua fresca, ni sale agua de él. ¡Nos estancamos! Con el tiempo, nuestro aislamiento se vuelve poco saludable para nosotras y para aquellos que nos necesitan, y ese aislamiento se puede volver mortal.

Por donde corra este río, todo ser viviente
que en él se mueva vivirá.
Ezequiel 47:9

Luego el ángel me mostró un río de agua de vida,
claro como el cristal,
que salía del trono de Dios y del Cordero.
Apocalipsis 22:1

3. *Tal vez no estamos dispuestas a ser sinceras y abiertas.*
Nos sentimos atraídas por las películas que exhiben relaciones intensas, íntimas, y nos encantan los finales felices. Pero la intimidad no resulta fácil en la vida real, y no hay un guión nítidamente predeterminado que señale el final feliz. (De paso, cuando los finales felices suceden en la vida real —¡y suceden!— no resultan tan significativos si no se ha trabajado y luchado por esa relación.)

Al igual que el guionista de una película, nuestro Rey ha escrito para nosotras la mayor historia de amor de todos los tiempos. Cuenta acerca de cuánto él nos amó (hasta dar su vida) y nos llama a seguir su ejemplo y darnos a los demás. Nada nos acercará más a otro que entregarnos nosotras mismas a aquella persona. Si dejamos de intentar impresionarnos el uno al otro, comenzaremos a experimentar la verdadera alegría que produce la amistad. La soledad frecuentemente está arraigada en el egoísmo o en el temor a resultar heridas. Realmente es hermoso observar a la gente que ha aprendido el arte de amarse.

4. *Muchas veces nos relacionamos con alguien simplemente por lo que podemos obtener de esa persona.* Y por lo tanto terminamos no obteniendo nada de verdadero valor. Las relaciones basadas en el egoísmo siempre acaban en quebrantamiento de corazón y en desilusión.

Pero cuando encaramos una relación preocupándonos por lo que podemos dar, recibimos más de lo jamás hemos imaginado.

Tómate un momento para reflexionar sobre alguna ocasión en la que Dios te haya usado para renovar a alguna persona o para aliviar la carga de alguien. Te sentiste muy bien en tu interior; te diste cuenta de que tu vida tenía sentido. También te sentiste más cerca de esa persona, y la persona se sintió cerca de ti.

El rey Salomón señaló:

El que reanima será reanimado.

PROVERBIOS 11:25

A pesar de estas cuatro barreras, creo que podemos llegar a manejar el arte de las relaciones como miembros de la realeza y de ese modo enriquecer nuestras vidas de forma permanente. A muchas de nosotras sencillamente nunca se nos enseñó cómo desarrollar relaciones sanas. Al igual que yo, muchas de ustedes provienen de hogares rotos, o han estado relacionándose con alguien que les ha causado mucho sufrimiento. Las relaciones con otros pueden constituir una fuente de gran gozo o ser la causa de nuestras mayores desilusiones y dolor. Pero Dios tiene el poder para sanarnos y redimirnos de todas nuestras heridas, para que lleguemos a conocer la alegría de intimar con otras personas.

Consideremos la palabra de Dios y descubramos la «sabiduría de Eclesiastés 4:12» con respecto a nuestras relaciones:

Uno solo puede ser vencido, pero dos pueden resistir.
¡La cuerda de tres hilos no se rompe fácilmente!
Eclesiatés 4:12

Todos sabemos que no existe tal cosa como una relación perfecta, porque somos seres humanos imperfectos; pero sí existe un arte en cuanto a amarnos los unos a los otros. Cuando logramos manejar ese arte, por la gracia y la instrucción de Dios, nuestras relaciones se enriquecen notablemente.

Si quieres descubrir cómo estás manejando el arte de relacionarte con otros, pregúntate (y pregúntales a los más cercanos) esto: «¿Cómo se sienten otros con respecto a ellos mismos después de pasar un rato conmigo?»

Se sienten:

- Exhaustos
- Celosos
- Deprimidos
- Envidiosos
- Heridos
- Inferiores
- Desbordados
- Usados
- No aceptados

O se sienten:

- Amados
- Seguros
- Motivados
- Animados
- Aceptados
- Apreciados
- Renovados
- Cuidados
- Confirmados

Así que en todo traten ustedes a los demás tal y como quieren que ellos los traten a ustedes. De hecho, esto es la ley y los profetas.
Mateo 7:12

El mayor ejemplo de una relación real en la Biblia es la extraordinaria amistad entre el rey David y Jonatán.

Jonatán era el hijo del rey Saúl y el primero en la línea de sucesión al trono de Israel. Pero Dios había ungido a David como el próximo rey, y luego permitió que un Saúl furiosamente celoso intentara matar a este joven guerrero. Ninguna de estas circunstancias, sin embargo, pudieron destruir la amistad entre David y Jonatán. En cierta ocasión, en que, sintiéndose solitario y desanimado, David se ocultaba en una caverna oscura, Jonatán lo visitó. Vestido con ropas reales, Jonatán no intentó exaltarse a sí mismo delante de David. No llevaba puesto su atuendo real para jactarse o alardear, sino para despojarse simbólicamente de su derecho al trono al entregarle a David todas sus vestiduras.

Ese hermoso acto de amor y honra realizado por Jonatán, le devolvió a David la esperanza de que llegaría el día en que él gobernaría, tal como Dios le había dicho que iba a suceder.

Jonatán amaba tanto a David que renunció a su derecho personal y legal y se doblegó ante la voluntad de Dios. Y en ese momento, según dice la Biblia, sus almas quedaron unidas. Si lo consideramos cuidadosamente, notaremos que esta relación pudo haber tomado alguno estos giros equivocados:

- Jonatán pudo haber sido egocéntrico y, buscando su propia gloria, manifestar alegría al saber que su padre intentaba matar a David.
- David pudo haber rechazado la amistad de Jonatán por ser el hijo de Saúl, que procuraba matarlo.
- Jonatán pudo haberse alejado de David en sus momentos más oscuros, mientras esperaba los tiempos del Señor para su ascensión al trono.

La belleza de la relación entre estos dos miembros de la realeza está en que Jonatán y David no permitieron que un oscuro espíritu de celos, desencanto, desaliento y orgullo, provocado por los lazos familiares, destruyera una amistad cimentada en Dios. Y eso fue un punto clave: Las relaciones se dan en un nivel de realeza cuando nos preocupamos más por la voluntad de Dios para el otro que por nuestros propios derechos.

Y los momentos difíciles (aquellos tiempos que requieren de nuestro sacrificio) nos proporcionan la oportunidad de probar que verdaderamente somos amigos. ¡Cualquiera puede estar cerca de otro mientras todo anda bien!

Oremos:

Oración de su princesa

Amado Dios:

Confieso que no tengo un corazón recto como para desarrollar relaciones a un nivel de realeza. Por favor, perdóname por mis motivos egoístas y quítame el temor a ser herida. Enséñame como encontrar más gozo en dar que en recibir. Y también enséñame a ser esa clase de amiga que me gustaría tener. Abre mis ojos para que pueda ver a la gente como tú lo haces, y dame un corazón capaz de amar a otros en la forma en que tú amas.

Te lo pido en el nombre de Jesús, amén

PREOCUPARNOS EL UNO POR EL OTRO

Dios nos manda no rehusarnos a hacer el bien cuando podemos ayudar a aquellos que pasan por necesidad. Demasiado a menudo, sin embargo, hacemos todo lo que está a nuestro alcance por aquellos que no necesitan de nuestras acciones de servicio. Cuando actuamos así, nos desgastamos y caemos en amargura contra aquellos que no aprecian nuestras expresiones de amor. Hay dos razones por la que desplazamos la dirección de nuestro amor, y ambas radican en el egoísmo, no en un amor generoso y desinteresado, y en el hecho de que no conocemos la bendición de una verdadera amistad.

1. *Ocuparnos de otros para lograr aprobación de los demás o alcanzar un sentido del propio valor.*
Si pasamos toda la vida ocupándonos de otros y sirviéndolos en un intento por validar nuestras acciones, el enemigo de nuestras almas nos colocará en el camino gente que se abusará de nosotras. Siempre saldremos heridas cuando nos brindemos a otros por motivos egoístas. Aún más, no veremos fruto de esas amistades porque nuestro corazón no estará en condiciones de recibir amor. Darnos es inútil si nuestra motivación es buscar gloria para cualquier otro que no sea nuestro Rey. Además, nadie nos puede ver como Jesús nos ve o amarnos como él, y nadie puede recompensar nuestras acciones de amor como él lo hace y lo hará.
Si te ves reflejada por estas descripciones, entonces te invito a que hagas una oración:

Oración de su princesa

Amado Jesús:

Te confieso que me desespera lograr el amor y la aprobación de los demás. He desperdiciado mucho tiempo haciendo cosas para otros de modo que pudiera sentirme bien conmigo misma. Por favor, líbrame a partir de ahora de concederle a la gente el poder de determinar mi valor. Por favor, enséñame a buscarte para que seas tú el que defina mi valor. Graba en mi memoria el precio que pagaste por mí el día en que moriste en la cruz. Permite que tu vida y amor por mí sean todo lo que necesite siempre.

Lo pido en tu nombre, amén

2. Ocuparnos de otros para lograr que nos amen. El ocuparse de otros ayuda a que las relaciones se vuelvan más cercanas, pero nuestra motivación no debe ser lograr que alguien nos ame. Ese no es el camino para desarrollar relaciones que nos ayuden a crecer y nos edifiquen. Si elegimos ese camino, el enemigo pondrá en nuestro sendero gente que nos tratará como a esclavos hambrientos de afecto. Pensemos en aquellas relaciones en las que nunca pudimos llegar a la medida de las expectativas del otro, y en las que cuánto más lo intentamos, más rechazadas fuimos. Y en esos casos, o nos obsesionamos con la idea de intentar que nos amaran, o les seguimos el juego, fingiendo que no nos importaba, o haciendo cosas que les hiciera sentir el sufrimiento por el que estábamos atravesando. Esos enfoques no constituyen el plan de Dios para el desarrollo de las relaciones: se convierten en juegos de la mente en los que nadie gana. Si planeamos llevar a cabo una batalla de relaciones con alguien, ya sea un hombre, nuestros padres, o algunas amigas, debemos saber que no lograremos con ello el amor que estamos buscando.

Si esta descripción te cabe, te invito a orar conmigo para recibir la fortaleza y el coraje que te ayuden a erradicar de ti estos juegos destructivos para siempre.

Oración de su princesa

Amado Dios,

Te confieso que he permitido que otros jueguen peligrosamente con mi mente y emociones a fin de poder ganar su afecto. Te pido que me muestres en cuáles de mis relaciones lo estoy haciendo ahora. Necesito que me liberes de mis vanos esfuerzos por lograr que me amen; te ruego que me liberes para sentir tu mismo amor y así poder amar a otros. Señor, permíteme descubrir cómo salir de este terreno de jueguitos y enséñame, por tu Espíritu Santo, a desarrollar relaciones genuinas dignas de la realeza.

En el nombre de Jesús te lo pido, amén.

Cuidado genuino

¿Has notado que todos tenemos diferentes maneras de expresar el amor y de sentirnos amados? Siendo las cosas así, tú y yo tenemos que preguntarles a aquellos que amamos qué es lo que los hace sentirse amados. Tal vez estamos esforzándonos por brindarles cosas que no necesitan o que no valoran. Pero podemos acabar con el juego de las adivinanzas en nuestro modo de transmitirles este mensaje: «te amo». Podemos aprender los lenguajes de amor que comprenden aquellos que amamos. Me explicaré:

Así como un artista estudia los métodos para realizar su tarea, nosotras necesitamos estudiar a la gente que amamos. Necesitamos descubrir lo que les gusta y lo que necesitan a medida que atraviesan las diferentes etapas de sus vidas. Tengamos en cuenta que todas las relaciones atraviesan distintas etapas también. La vida nunca se mantiene igual. A veces, aquellos a los que amamos necesitan nuestra comprensión y empatía, y en otras ocasiones pueden precisar mucho de nuestro cuidado y atenciones, o aun algún acto de servicio de nuestra parte. Así que tomémonos el tiempo para hablar sobre lo que está pasando en la vida de cada uno. Preguntemos a las personas: «¿Qué puedo hacer para bendecirte hoy?» Entonces sabremos verdaderamente de qué modo cuidar a cada uno de los demás y lograremos comenzar a conducir adecuadamente nuestras relaciones en las diferentes etapas de la vida.

SU PRINCESA EN ACCIÓN

Cuando nació mi primer bebé, mi vida cambió drásticamente. Había sido soltera hasta los veintisiete, y todos mis amigos me conocían como «la chica de las fiestas» que siempre estaba dispuesta a divertirse. Entonces me casé, y me embaracé durante la luna de miel.

No hace falta decir que mi vida fácil, libre y espontánea acabó de repente. Desgraciadamente, muchas de mis amigas solteras se resintieron conmigo por no continuar tan relacionada con su mundo. A causa de las actitudes de ellas, sentí que era un fracaso como amiga.

En ese tiempo, un día una de mis amigas solteras apareció inesperadamente en mi casa para verme. Cuando abrí la puerta a las dos de la tarde, exhausta y todavía en bata y con la casa en total desorden, pudo darse cuenta de que yo no era una amiga rara que se había olvidado de ella. Percibió que yo solo trataba de encontrar mi lugar como esposa y madre. Esta amiga dejó de criticarme y comenzó desde ese día a procurar cuidarme. En lugar de darme razones para que me sintiera culpable, me proporcionó un día de descanso: cuidó de mi bebé y limpió toda la casa mientras yo dormía una siesta de seis horas. Cuando desperté, tenía una casa completamente limpia, una mente despejada y renovada, y algo aún mejor que eso: alguien que de verdad se preocupaba por mí. Y ese solo día de nuestra amistad significó mucho más para mí que todos los años de loca diversión que habíamos compartido cuando era soltera. Algo especial ocurre en nuestras relaciones cuando acudimos a rescatar a un amigo de una manera correcta y por las razones correctas.

LA SABIDURÍA DE SU PRINCESA

No necesitas desgastarte corriendo
al rescate de todas las personas.
Invierte sabiamente tu tiempo
en aquellos lugares y momentos
en los que realmente sientes
que eres necesaria.
Las relaciones entre miembros
de la realeza son ricas en amor,
no a causa de la cantidad de tiempo
que se comparte,
sino por darse en el momento preciso
y con el toque justo.

Debido a que llevamos vidas muy ocupadas, y a las diferentes etapas por las que atraviesa cada una, no he visto a esa amiga con frecuencia luego de aquel día tan especial. Pero siempre desde entonces, cada vez que nos encontramos, nos sentimos instantáneamente conectadas. Ella se tomó el tiempo para ocuparse de mí en la forma en que yo lo necesitaba y en el momento en que más lo precisaba. Hizo lo que señala ese versículo de Proverbios: «No te niegues a hacer el bien a quien es debido, cuando tuvieres poder para hacerlo» (Proverbios 3:27, RVR 60). En mi opinión, las marcas de una verdadera amistad se ven cuando dos personas vuelven a entrar en contacto luego de una larga separación y pueden retomar la relación justo en el punto en que la habían dejado, como si el tiempo no hubiera pasado.

CUBRIR LAS OFENSAS LOS UNOS DE LOS OTROS

El que perdona la ofensa cultiva el amor,
el que insiste en la ofensa divide a los amigos.
Proverbios 17:9

Estas palabras constituyen un pozo de sabiduría con respecto al arte de amarnos los unos a los otros. Todos nos sentimos tentados a repetir algún sabroso asunto de interés (¡también conocido como chisme!), pero si queremos desarrollar relaciones significativas y profundas, tendremos que elegir cubrir las fragilidades de nuestros amigos y los errores de aquellos que amamos, guardándonos los detalles de sus vidas privadas sin comentarlos. Nadie se beneficia cuando exponemos las debilidades de los demás delante de otras personas. En realidad, todos pierden.

He aprendido por el camino más difícil que se necesita mucho más carácter para cubrir los pecados y fallas de alguien que para darlos a conocer. Recordemos que la misión del enemigo es evitar que nos mantengamos unidos con los demás. Si no somos cuidadosos de nuestras palabras, en realidad lo estaremos ayudando a que nos separe unos de otros. Cuando la gente abre un aspecto muy profundo y personal de su vida con nosotros, nos está concediendo el gran privilegio de admitirnos dentro del círculo de su intimidad. Nos quieren decir que nos valoran y confían lo suficiente en nosotros como para hacernos partícipes de los secretos de su corazón. Cuando comprendemos esa verdad con respecto a la confianza, deseamos atesorar y proteger las cosas que conocemos los unos de los otros, en lugar de exponerlas para que todos las vean.

SU PRINCESA EN ACCIÓN

Tengo una querida amiga que conoce todos los profundos y oscuros secretos de mi vida, y con la que estoy tan unida como David a Jonatán. Se debe a que ella es una persona que puede guardar mis secretos como un tesoro en su corazón; es mi lugar seguro. Cuando nos conocimos, varios años atrás, ella vivía en California y yo en Arizona.

Pasábamos las vacaciones juntas, y hablábamos por teléfono casi todos los días. Pero ella nunca había venido a quedarse en mi casa.

Mi preciosa amiga es la Martha Stewart de Vida cristiana. Nadie que conozco es capaz de tratar a un huésped mejor que ella. Me encantaba ir a su casa. Luego, dos años después de haber comenzado a relacionarnos, mi amiga decidió huir por un tiempito de su vida tan atareada y vino a pasar un fin de semana conmigo. Yo estaba entusiasmada por tenerla conmigo en esa ocasión, y contaba los días que faltaban para su llegada. Pero había un problema: nunca se me había enseñado cómo atender a un huésped. En realidad, a esa altura de mi vida nunca había tenido a nadie parando en mi casa. Así que cuando entró por la puerta, encontró una casa desordenada, baños sucios, y ausencia de comida en el refrigerador. No había nada que indicara lo entusiasmada que yo estaba por su visita. Pero en lugar de criticarme, eligió cubrir mi desatención y me transmitió, como si fuera mi mentora, su don de la hospitalidad.

A la mañana siguiente me explicó cómo ser una anfitriona. Yo tomé nota de todo por escrito, y durante años he llevado a la práctica lo que ella me enseñó con tanta gracia. Ahora preparo las comidas para mis huéspedes por adelantado, así que tengo tiempo para estar con aquellos que amo cuando llegan. Coloco bolsas con regalos sobre inmaculadas camas de huéspedes, entibio sus batas mientras se duchan en un baño relucientemente limpio. No hago llamadas telefónicas mientras estamos juntos, y les ministro, orando por ellos y dándoles palabras de aliento.

Ahora bien, mi amiga podría haber informado a la fábrica de chismes de las muchachas lo terrible que yo había sido como hospedadora. Y podría haber dado por finalizada nuestra amistad a causa de que yo no cubrí las expectativas como anfitriona. También podría haber guardado amargura y enojo adentro durante todo el fin de semana en lugar de haberme dicho la verdad en amor y haberme enseñado a ser una buena anfitriona.

Las relaciones cercanas, íntimas, no se dan sin que haya algunos momentos de decepción, pero nuestro Rey nos enseña a hacer por otros lo que nos gustaría que ellos hicieran por nosotros. Así que preguntémonos en cada situación: «Si intercambiáramos los roles, ¿cómo me gustaría que ella (o él) me tratara?»

Necesitamos cubrirnos las faltas los unos a los otros si deseamos consolidar amistades que permanezcan para toda la vida.

A veces, aquellos a los que amamos necesitan recibir más amor cuando menos lo merecen.

Oración de su princesa

Amado Dios:

Por favor, perdóname por no saber cubrir las fallas que veo en mi familia y amigos, y dame convicción de pecado cuando sin darme cuenta ayudo al enemigo a destruir mi relación con ellos. Enséñame a atesorar las cosas que conozco sobre ellos de manera que puedan confiar en mí. Abre mis ojos para ver a la gente que forma parte de mi vida de la manera en que tú la ves, y permíteme extenderles la misma gracia que tu tienes para conmigo.

Te lo pido en el nombre de Jesús, amén.

Sobre todo, ámense los unos a los otros profundamente, porque el amor cubre multitud de pecados.

1 Pedro 4:8

COMUNICARNOS LOS UNOS CON LOS OTROS

Todos hemos sentido el dolor de ser incomprendidos. Resulta desalentador expresar nuestro amor solo para descubrir que nuestras mismas palabras se convierten en aquello que nos separa de la persona que tanto nos importa. Creo que eso se nota especialmente en el matrimonio. Nuestras palabras, más que acercarnos a nuestro cónyuge, pueden llegar a destruirnos mutuamente y a separarnos el uno del otro. La palabra de Dios nos advierte acerca de que en nuestras lenguas está el poder de la vida y de la muerte; podemos sanar o podemos herir a cualquiera con una palabra. La clave para dominar el arte de la comunicación es recordar lo poderosas que son las palabras.

Igualmente de poderoso y dañino es nuestro silencio. La comunicación se quiebra si elegimos no comunicarnos para nada. Tal vez nos hayamos encerrado, sin querer ser oídas ni vistas, y ni siquiera notadas, debido a que nos hemos sentido menospreciadas la mayor parte de nuestras vidas. Yo conozco el dolor de ser menospreciada, pero también sé que el maestro de los artistas puede hacerse cargo de esas heridas y usarlas para convertirnos en hermosas mujeres llenas de compasión, que saben usar con mucho cuidado sus palabras. El toque sanador del Rey puede volverte a la vida para que ya no tengas que esconderte. Él te ama y hará todo lo necesario para convertirte en la princesa que quiere que seas; ¡pero tienes que acercarte a él!

Oración de su princesa

Amado Dios:

A veces tengo miedo de hablar porque temo usar las palabras equivocadas. Por favor, quita mi temor y reemplázalo por fe en ti. Llena mi corazón de tu amor, y mi boca de tus palabras. Dales a las personas que hablen conmigo la habilidad de conocer mi sentir aún cuando mis palabras no sean las adecuadas. Te agradezco por el privilegio que me has dado de poder orar, y confío en que guíes mis labios para hablar palabras acerca de tu amor.

En el nombre de Jesús, amén.

La comunicación también se corta cuando damos, por así decirlo, una imagen de nosotras mismas en blanco y negro, en lugar de la original a todo color. Nadie valora lo que no es real. Pero muchas de nosotras nos esforzamos por decir cosas que pensamos que nos proporcionarán una buena imagen, en lugar de mostrarnos genuinas y transparentes. Con ese enfoque, le cerramos la puerta a las relaciones que corresponden a la realeza en la vida cotidiana.

Probablemente experimentemos la frustración de lograr falsas amistades cuando actuamos como «Barbies con Biblias». Esas relaciones no significan nada, más allá de ser un desperdicio de tiempo y palabras, y a menudo nos volvemos aún más superficiales como resultado de establecer lazos carentes de sinceridad con otros. Las Barbies se ven muy bonitas por fuera, pero todos sabemos que son de plástico y que están totalmente vacías por dentro. Las princesas del Señor están muy lejos de ser huecas. ¿Cómo podrían serlo cuando el Espíritu del Dios viviente está en ellas? Es tiempo de que nos saquemos las máscaras y le permitamos al Señor revelarse a través de la manera en que nos comunicamos unos con otros.

Tómate unos momentos para pensar acerca de tus relaciones. Pídele a Dios que te muestre qué relaciones son más genuinas y cuáles son de verdadero valor.

Oremos:

Oración de su princesa

Amado Dios:

Ayúdame a comunicarme de una manera genuina. Quítame la máscara y reemplázala con el reflejo de tu imagen. Permíteme ser auténtica como el rey David. Libérame de mi misma y permíteme hablar como un miembro de la realeza: con amabilidad y respeto, con dominio propio y actitud positiva. Y que cada una de mis conversaciones sea rica en aquellos aspectos que a ti te interesan.

En el nombre de Jesús te lo pido, amén.

Recordemos que cuanto más abiertas y sinceras seamos con los demás, más cercanos y unidos llegaremos a estar. Nada puede separar lo que Dios une, así que construyamos relaciones que demuestren delante del mundo que somos suyas.

SU PRINCESA EN ACCIÓN

En una ocasión estuve en un restaurante muy concurrido junto con algunas esposas de pastores y, por turnos, todas fuimos transmitiendo aquellas grandes cosas que Dios había hecho en nuestras vidas a través del sufrimiento y las pruebas.

Lloramos y reímos juntas a medida que hablábamos con apertura y transparencia acerca de lo difícil que resulta a veces la vida. El joven camarero que nos atendía llegó hasta nuestra mesa por lo menos diez veces en esa hora del almuerzo. Aún en los momentos en que no lo necesitábamos, él se mantenía lo bastante cerca como para escuchar nuestra conversación.

Cuando nos trajo la cuenta, dijo: «Gracias por haberse sentado en mi sector. Fue un placer oírlas hablar. Nunca he disfrutado tanto al escuchar hablar a un grupo de mujeres». Me di cuenta en ese momento que el mundo no solo nos mira, sino que nos escucha.

¿Qué impresión produce en la gente nuestra manera de conversar? Aquel muchacho joven, que no tenía nada en común con nosotras, no pudo evitar darse cuenta de lo que era el verdadero amor en acción. Dios puede llegar a usar esto poderosamente en su vida.

Hemos hablado de las dos cosas que cortan la comunicación: el silencio y la falta de sinceridad. Ahora armemos el cuadro con el tipo de comunicación que glorifica a nuestro Rey. Consideremos algunas otras cosas que necesitamos evitar.

Pensemos en cómo actuar con otros cuando ellos atraviesan por tiempos difíciles. Uno de los mayores errores consiste en decirle a alguien lo bien que nosotras estamos en comparación con la situación que esa persona está viviendo.

- Cuando una de tus amigas te dice que tiene problemas en su matrimonio, no es momento para que le cuentes lo excelente que es tu marido.
- Cuando alguna se siente desalentada por la falta de fondos para pagar sus cuentas, no es momento para revelarle que Dios te está inundando de bendiciones monetarias.
- Cuando una joven madre te comenta lo atrapada que se siente por su hogar, y lo cansada que está, no es momento de decirle lo feliz que eres por haberte librado de los pañales y lo contenta que estás por tener más posibilidades de descanso.
- Cuando una pareja te cuenta que su hijo adolescente muestra una rebelión total, no es momento de hablar acerca de los maravillosos logros alcanzados por tu hijo adolescente, y sobre su entrada anticipada a la universidad.

Recuerda la pregunta que te pedí que te hicieras algunas páginas atrás: «¿Cómo se sienten los demás después de haber estado conmigo?» La mayoría de nosotras quiere ser una buena amiga;

deseamos aprender el arte de amar a otros no solo de palabra sino también con nuestras acciones. Así que tómate unos momentos para pensar de qué manera contribuyen tus palabras a la vida de otras personas. Considera la manera en que reaccionas ante la gente que sufre. Pídele a Dios que te dé la habilidad de transmitir su amor y compasión a través de tus palabras. Aún cuando no te sientas identificada con una particular situación que viva alguien, puedes orar por esa persona y ayudarla a llevar el peso de su carga de ese modo. Y continúa pidiéndole a Dios que te enseñe el arte de pronunciar palabras de aliento y apoyo.

Oración de su princesa

Amado Dios:

Usa mi lengua para dibujar un cuadro de tu amor. Dame las palabras correctas, tus palabras, cuando alguien pasa por un sufrimiento intenso. Perdóname por alardear sobre las bendiciones que me has concedido cuando otros atraviesan pruebas. En esas situaciones, utilízame para hacerlos sentir del mismo modo en que tú me haces sentir: amada, aceptada y alentada.

En el nombre de Jesús te lo pido, amén.

CONFRONTARNOS LOS UNOS A LOS OTROS

«Si tu hermano peca contra ti, ve a solas con él y hazle ver su falta».

Mateo 18:15

Jesús nos da dos instrucciones específicas con respecto a nuestro hermano en este versículo. Primero, que «vayamos a él a solas», y segundo, que «le hagamos ver su falta». Si elegimos cualquier otra forma de resolver los conflictos que no sea la manera de Dios, nunca conoceremos la bendición de lograr relaciones duraderas. Lamentablemente, demasiado a menudo no seguimos las instrucciones de Dios.

Un gran error que cometemos es sacar al conocimiento público el conflicto en lugar de ir en privado a la persona involucrada. De repente, todos saben que existe un problema, excepto aquel con quien tenemos el conflicto. Este curso de acción conduce a una devastación total por muchas razones:

1. Quebrantamos la confianza al hacer de público conocimiento asuntos que son personales; una vez que se pierde la confianza, la reconciliación dentro de esa relación implica un desafío mucho mayor.

2. Arrastramos a la gente a participar de una situación que no debería ser de su incumbencia e influimos sobre ellos para que piensen mal del afectado.
3. No amamos a la persona con la que estamos en conflicto de la manera en que quisiéramos que esa persona nos amara. Y, ciertamente, no glorificamos a Dios con nuestras palabras y acciones.
4. Demostramos no ser confiables. Si hacemos público el conflicto que tenemos con esa persona, probablemente hagamos luego lo mismo con otras.
5. Pecamos contra Dios por no manejar la confrontación con el otro a su manera.

En la segunda parte de Mateo 18:15 Dios nos da permiso para señalar la falta o la ofensa. Él no quiere que ignoremos las cosas hirientes que la gente dice o hace. Él no quiere que guardemos silencio ante la ofensa. Si elegimos no confrontar a la persona que nos ha ofendido, esa ofensa será solo el comienzo de la construcción de una pared de amargura y resentimiento que nos separará de esa persona. Ese muro, con el tiempo, puede volverse tan alto que ninguno de los dos bandos pueda saltarlo, y la relación entonces morirá.

Nuestras alternativas humanas a las instrucciones de Dios pueden parecernos correctas o justificadas (o más fáciles) en el momento de la herida. Nuestro silencio puede aparecer como espiritual y sacrificado, y el contarles a todos acerca de la ofensa nos puede parecer correcto si el informe es verdadero. Pero el libro de Proverbios lo pone de este modo:

Hay caminos que al hombre le parecen rectos,
pero que acaban por ser caminos de muerte.
Proverbios 14:12

El arte de desarrollar relaciones dentro de un marco de realeza requiere que pintemos con los colores correctos y con pinceles limpios. Ninguno de nosotros puede realizar un buen cuadro de relaciones pintando sobre una tela sucia, en especial si los únicos cuadros de relaciones que conocemos no reflejan los caminos de Dios.

La oración de su princesa

Amado Dios:

Muéstrame si en alguna relación pasada he dejado cosas irresueltas. Perdóname por las veces en que he dejado expuestas a las personas en lugar de confrontarlas en forma privada. Perdóname por aquellas ocasiones en que elegí ocultar mis sentimientos más que confrontar al que me ofendió. Sea cual fuere la situación y mi pecado, por favor, ayúdame a hacer todo lo que pueda para enderezar esa relación. Dame el valor para confrontar a aquellos que me han herido u ofendido: y ayúdame a confiar en ti sin importar cuál sea el resultado de mis esfuerzos. Capacítame para hacer lo que es correcto ante tu mirada.

En el nombre de Jesús te lo pido, amén.

SU PRINCESA EN ACCIÓN

Alabo a Dios por aquellos que en mi pasado han sido lo bastante valientes como para arriesgar nuestra relación al ser abiertos y sinceros conmigo sobre la manera en que los ofendí. Muchas veces Dios pone gente en nuestro camino que nos lleva a alcanzar un crecimiento personal, aunque no continuemos con la amistad durante toda la vida. Las diferentes épocas por las que atravesamos nos llevan a relacionarnos con diferentes personas, y las relaciones en sí pasan también por distintas etapas. Permítanme hacerlas partícipes de un ejemplo:

Pasé por un período en mi matrimonio en el que sufrí mucho a causa de la soledad y el resentimiento. Anhelaba estar felizmente casada y decidí esconder de mi marido, Steve, las heridas que él me infligía. ¡Las escondía al no mencionarlas! Muchas veces los hombres de nuestra vida nos lastiman sin saberlo, pero el dolor sigue siendo muy real. Yo me mantuve callada por temor a que Steve no me comprendiera y por temor a no poder luego experimentar una felicidad duradera. También deseaba evitar los conflictos, que es algo con lo que muchas de nosotras nos sentimos identificadas.

Luego de varios años de esconder todo, caí en una total falta de amor con respecto a Steve. Había construido una pared gruesa y alta, hecha de falta de perdón y resentimientos. Esa pared era enorme para mí, pero a Steve le resultaba invisible, así que cuando se daba contra ella, no podía comprender por qué yo me mostraba tan fría y distante de él. Para empeorar las cosas, yo era una oradora cristiana y la *Señora Estados Unidos* en ese tiempo (un título que hablaba del matrimonio).

No hace falta decir que me sentía paralizada por el dolor y rodeada por esa pared helada de soledad que había construido en torno a mí.

Un día otro hombre, un amigo que Steve y yo habíamos guiado al Señor, encontró la llave para abrir la puerta de mi corazón. Me escuchó con su corazón abierto y oró por mí. Luego de tres meses de escucharme y de mostrarle mis heridas ocultas, este hombre cautivó tanto mi corazón que yo deseaba abandonar mi matrimonio y mi ministerio. Aunque nunca tuvimos contacto físico, si tuvimos una relación en nuestro corazón. Yo sabía que era pecado, pero no podía dejar de verlo. Solo cuando finalmente clamé a Dios para que me rescatara del peligroso lugar en que me hallaba fui liberada de la atracción que ejercía sobre mí. Dios me rescató enviándome mujeres y hombres piadosos que me confrontaron en forma privada. Esos hombres y mujeres formaban parte de la junta de consejeros de mi ministerio, y si ellos no hubieran tenido el valor para confrontarme ni la compasión para percibir mi dolor y orar por mí, yo no estaría casada ni en el ministerio hoy.

La confrontación tiene mucho que ver con un don de consolación y cuidado de los unos para con los otros. Si realmente nos amamos entre nosotros, arreglaremos las partes rotas de nuestras relaciones, y ayudaremos a resguardar a aquellos que conocemos y amamos de caer en la tentación y en las trampas del enemigo. Hoy yo no estoy simplemente casada: amo a mi marido más de lo que creí posible. Cuando algo no funciona bien, oro para que Dios me dé el tiempo oportuno para hablar con él, y entonces lo hago en privado. He aprendido a no construir más murallas alrededor de mí porque las murallas no nos protegen del dolor. Todo lo que hacen es mantenernos prisioneras. Llegamos a convertirnos en esclavas de la compasión por nosotras mismas y de la soledad.

Las murallas no nos protegen del dolor. Todo lo que hacen es mantenernos prisioneras.

Quiero pasarles dos herramientas valiosas que pueden utilizar al relacionarse como miembros de la realeza.

Herramienta 1: hablar verdad

No escondas tus heridas. Sé genuina contigo misma y con la gente con quien te relacionas.

Tómate un tiempo e invierte el esfuerzo necesario para sanar tus relaciones, y hazlo en privado.

El que perdona la ofensa cultiva el amor;
el que insiste en la ofensa divide a los amigos.
PROVERBIOS 17:9

Herramienta 2: tener amigos confiables
Rodéate de la clase de gente a la que deseas parecerte. Este versículo de Proverbios lo expresa bien:

El que con sabios anda, sabio se vuelve;
el que con necios se junta, saldrá mal parado.
PROVERBIOS 13:20

Una vez más toma nota. La confrontación no tiene que ver con la crítica. La confrontación lleva a la restauración; la crítica produce desaliento y dolor. Si alguien te critica constantemente en la vida, háblale (¡confronta a esa persona!) y pídele que deje de hacerlo. Si esa persona continúa, entonces establece límites a esa relación; limita tu contacto con ella.

Hermanos, si alguien es sorprendido en pecado,
ustedes que son espirituales
deben restaurarlo con una actitud humilde.
GÁLATAS 6.1

Aconséjense unos a otros

Que habite en ustedes la palabra de Cristo con toda su riqueza; instrúyanse y aconséjense unos a otros con toda sabiduría.

COLOSENSES 3:16

Si deseamos dominar el arte de mantener relaciones de carácter real, necesitamos que la palabra de Dios nos guíe. Así como el artista procura tener pinceles y pintura de la más alta calidad, nosotros necesitamos que el Creador de la vida grabe sus palabras en nuestros corazones y mentes. Entonces nos volveremos ricos en sabiduría y valiosos como amigos. Si lo pensamos bien, nuestras palabras realmente se vuelven carentes de todo valor si solo reflejan nuestra opinión. El rey Salomón dijo esto:

Hijo mío, ten presente que el hacer muchos libros es algo interminable y que el mucho leer causa fatiga.

ECLESIASTÉS 12:12

La gente que se relaciona según su rango real no transmite sus propias opiniones con respecto a las cuestiones de la vida. En lugar de eso, habla la verdad de Dios. Como creador de la vida y autor de las relaciones, él constituye la única fuente de sabiduría que verdaderamente cuenta.

Así que cuando se te pida que des un consejo, no transmitas tus propios pensamientos u opiniones. Comunica la palabra de Dios y ora por la persona que se acerca a ti. ¡Hay una tremenda sabiduría en su Palabra y un increíble poder en la oración de aquellos que han sido elegidos por él!

SU PRINCESA EN ACCIÓN

He sido bendecida al vivir rodeada por hombres y mujeres de Dios sabios, en especial por aquellos que sirven en la junta consultiva de nuestro ministerio. No quiero ni imaginar lo perdida que estaría si prestara atención a la opinión humana cuando necesito alguna guía.

También, debido a que hablo ante grandes grupos de mujeres, tengo el privilegio de que algunas de ellas me confiesen los más profundos secretos de su corazón. Muchas también hacen preguntas sobre las cuestiones más difíciles que nos presenta la vida. Aun cuando yo enseño la Palabra, no conozco la Biblia de memoria, y sé, sin embargo, que si no puedo darles una respuesta de la palabra de Dios, no podré llevar a esas mujeres delante del trono de Dios en oración.

A las mujeres nos encanta decirles a otras qué hacer y cómo, pero una mujer de Dios, amorosa y muy bien intencionada, puede aun así darnos un consejo errado en un momento crítico de la vida. Recuerdo que le escribí a mi madre luego de no haber estado en contacto con ella por años. (Ya les conté esta historia en el capítulo anterior.) Ella rechazó mi carta, y yo me sentí devastada. En ese tiempo, algunos cristianos que me amaban me aconsejaron alejarme de mi madre y no volver a relacionarme con ella. No querían verme herida nunca más, así que me transmitieron su opinión, y no la palabra de Dios o su voluntad en cuanto a mi relación con mi madre.

Cuando leí la Biblia esa noche, luego de recibir la carta de mi mamá, Dios me guió al relato en el que Pedro le preguntaba a Jesús cuántas veces debemos perdonar a otros. Jesús le respondió: «setenta veces siete» (Mateo 18:22). Bien, ese número estaba muy distante de la única ocasión en la que había procurado relacionarme con mi mamá. Entonces pensé acerca de mi Rey y de la manera en que él me había buscado aun cuando yo lo rechazaba. Así que decidí escuchar el consejo de la palabra de Dios más que la opinión de aquellos cristianos preocupados por mí. No digo que deberíamos continuar buscando a alguien que continuamente nos rechaza. El padre, en la historia del hijo pródigo, no salió a buscar a su hijo. Le dio su herencia y lo dejó ir (Lucas 15:11-13). Eso no significaba que el padre no amara a su hijo. Sin embargo, hay momentos en que debemos ir detrás de alguien, como Jesús lo explicó en la parábola que hace referencia a dejar el rebaño e ir a buscar a la oveja perdida (Mateo 18:12). Hay momentos en los que debemos contenernos, como lo hizo el padre del hijo pródigo, y esperar el tiempo de Dios para encarar la reconciliación. Finalmente, hay momentos en los que debemos abandonar el asunto y marchar hacia delante, como lo hicieron Pablo y Bernabé cuando se separaron. Simplemente no pudieron superar sus desacuerdos. Pero aun cuando dejaron de relacionarse, Dios usó a cada uno de ellos para obrar multiplicación en el ministerio, en este caso a través de sus vidas de manera separada y no en conjunto.

El Señor me guió a buscar a mi madre, y como ustedes saben, el resultado fue una restauración total. Hoy mi madre y yo estamos más unidas que nunca. Pero muchas veces el Señor me ha llevado a no hacer nada, sino a esperar y orar por algunas personas. Y también he tenido que separarme completamente de algunas otras para poder cumplir con el llamado del Señor en mi vida. Así que no todas las situaciones acaban en restauración. No tenemos control sobre los resultados, pero sin embargo somos bendecidos cuando hacemos lo que Dios desea, a su manera. Los caminos de Dios no son los nuestros. Él sabe lo que necesitamos aun cuando nosotros no lo sepamos, y el seguir su consejo siempre nos conducirá a la vida abundante. Recordemos este versículo: «Si es posible, y en cuanto dependa de ustedes, vivan en paz con todos» (Romanos 12:18). Él sabe que hay personas y situaciones que parecen imposibles de abordar, pero la paz nos inunda cuando hacemos lo que podemos en concordancia con su Palabra.

Toma un momento para reflexionar con respecto a alguna circunstancia en la que hayas recibido un mal consejo de parte de amigos bien intencionados, o en la que hayas transmitido palabras salidas de tu propia sabiduría, y sin mediar una mala intención condujiste a alguien por un camino equivocado. Cualquiera haya sido la lección que aprendiste, recuerda que la palabra de Dios enseña el arte de amarnos los unos a los otros. Oremos:

Oración de su princesa

Amado Dios:

Por favor, perdóname por dar o recibir consejos a partir de otra fuente que no seas tú. Abre mis ojos espirituales a la verdad de tu Palabra y graba en mi corazón y en mi mente cada una de esas palabras. Cuando la gente que me ama me aconseja, por favor, muéstrame a través de tu Espíritu Santo cuáles son los pensamientos que provienen de ti y cuáles las opiniones que vienen de los hombres. Te entrego este día, y quiero mirarte solo a ti en espera de respuesta a todas las preguntas y desafíos que encuentre en mi vida.

En el nombre de Jesús, amén.

Completémonos los unos a los otros

Así como cada uno de nosotros tiene un solo cuerpo con muchos miembros, y no todos estos miembros desempeñan la misma función, también nosotros, siendo muchos, formamos un solo cuerpo en Cristo, y cada miembro está unido a todos los demás.

Romanos 12:4-5

¿Imaginan que es posible comprar una obra de arte incompleta? Ni siquiera veríamos la parte que sí ha sido completada; estaríamos absortos mirando los espacios burdos y desparejos. Y decididamente no transmitiría nada artístico si la lleváramos a nuestra casa (pero imagino que ni siquiera pensaríamos en hacerlo). Querríamos que fuese terminada antes de invertir en ella.

Esta escena improbable describe muy bien el estado de muchas relaciones dentro del cuerpo de Cristo. Asistimos a las reuniones, pero no hacemos nuestra parte para completar el cuadro de lo que Dios imaginó que fuera la iglesia. Más que ser partes activas que contribuyen al cuerpo, lo quebrantamos, ya sea ignorando las necesidades de la gente, criticando a aquellos miembros que tratan de hacer lo que les corresponde, o quejándonos por aquellos que no lo hacen.

Recuerdo cuando mi madrastra Susie recién se convirtió. Leía la Biblia todos los días. Miraba televisión cristiana, escuchaba música cristiana, y estaba enamorada de su Rey. Pero cuando le pregunté por qué no asistía a la iglesia, me respondió: «¿Para qué necesito concurrir a una iglesia? Tengo mi propia relación con el Señor». Mi respuesta fue: «Tal vez la iglesia te necesite a ti». Ese mismo día ella buscó una iglesia, el domingo comenzó a asistir, y se convirtió en un firme pilar de la fe para muchos miembros que eran débiles en su fe.

Muy fácilmente olvidamos que la iglesia existe no solo para que podamos recibir; también se trata de que podamos *dar*. Muchos de nosotros nos sentimos solos en nuestras iglesias porque nunca realmente nos hemos dedicado a completar algo o a alguien. Si la iglesia tiene que llegar a ser una obra de arte cristiana que el mundo pueda admirar, entonces cada uno de nosotros tendrá que hacer su parte para completar el cuadro. No hemos sido llamados a sentarnos en el banco de suplentes hasta que el Señor regrese. Dios nos manda en su Palabra que usemos los dones que él nos ha dado y que participemos dentro del cuerpo. Nos llama a invertir nuestro tiempo y talentos en completar la iglesia.

Recordemos el ejemplo de Jonatán, el hijo del rey Saúl. De muchas maneras él completó a David. Estuvo con David en sus horas más aciagas, le recordó a David el llamado de Dios para su vida. Aun cuando David haya sido coronado como rey más adelante, ambos, tanto David como Jonatán, serán recompensados en el cielo por haber servido a Dios y a su pueblo. Debemos seguir su ejemplo. Estamos para servir; somos la iglesia.

Nuestros pastores no son la iglesia; no se espera de ellos que realicen toda la obra del ministerio solos, ¡aunque cuenten con el poder de Dios!

Debemos colaborar con ellos para completar la obra que nuestro Rey nos ha llamado a realizar todos juntos como cuerpo.

Tómate un momento para preguntarle al Señor qué es lo que desea que hagas para contribuir a completar la obra de arte que es la iglesia.

Oración de su princesa

Amado Dios:

Estoy dispuesta a hacer la obra que me has llamado a realizar en tu iglesia. Muéstrame en qué lugar de tus planes encajo mejor. No quiero estar en ningún lugar al que no me hayas llamado. Así que te pido que pongas pasión en mi corazón y un propósito específico para que pueda servirte tanto a ti como a tu pueblo, la iglesia.

Lo pido en el nombre de Jesús, amén.

Como lo señalé al mencionar Romanos 12:4-5 (en el capítulo anterior), Dios ha colocado un don dentro de ti. Tal vez eres buena trabajando con niños y solo necesitas ofrecerte como voluntaria para colaborar una vez por mes en la escuela dominical o en los cultos de niños. Tal vez sepas decoración y puedas ayudar a preparar el salón para los eventos que se realizan en la iglesia. Si sabes cantar, puedes unirte al coro. Si te encanta recibir gente en tu casa, ábrela para iniciar un pequeño grupo. No necesitas desgastarte trabajando para la iglesia. Porque si cada uno de nosotros contribuye con un poco de su tiempo y esfuerzo, entonces nadie va a resultar sobrecargado, y todos (individualmente o como iglesia) creceremos, y la obra de la iglesia se completará. Nuestro Dios dice que la mies es mucha y los obreros pocos. ¡Seamos de los pocos escogidos que invierten en la eternidad para su Rey!

Al llegar al final de nuestro capítulo sobre las relaciones de carácter real, te aliento a tener presente que así como el arte tiene diferentes expresiones, no todas las relaciones son iguales. Cada persona que Dios ha colocado en nuestro camino está allí con un propósito diferente, y quizá durante una etapa distinta. Ninguna persona puede brindarnos todo lo que necesitamos y deseamos de una relación, y tenemos que saber aceptarlo.

- Si tienes una amiga con la que realmen te te sientes bien conectada, pero con la que tus hijos no se llevan, entonces disfruta de esa amistad por lo que te puede dar. Hazte un tiempo para estar las dos juntas sin la presencia de tus niños.

- Si tienes una compañera de oración que con fidelidad te presenta delante del trono de Dios pero a la que no le agrada estar en actividades sociales junto contigo, valora esa relación por la bendición espiritual que significa.

En demasiadas ocasiones nos alejamos de algunas relaciones a las que nos ha conducido Dios porque las partes que conforman esa amistan no encajan de la manera en que desearíamos o esperaríamos que lo hicieran. Pero cuando elegimos disfrutar de cada persona individualmente por lo que ella es y por lo que podemos compartir cuando estamos juntas, entonces apreciaremos mucho más el valor de nuestras amistades.

Tal vez tú, al igual que yo, mantengas muchos tipos diferentes de relaciones en tu vida. Yo tengo relación con algunas muchachas jóvenes que son como hijas para mi corazón. La tengo con mujeres mayores que me transmiten su sabiduría espiritual. Cuento con amigas que son muy divertidas y con las cuales puedo jugar. Tengo compañeras en la obra ante las que rindo cuentas, y compañeras de oración, todas personas muy preciosas para mí, aunque no participamos juntas de eventos sociales.

Piensa en las diferentes personas que se relacionan contigo y en el lugar que ocupa cada una en tu corazón. Oro para que aprendas a amar a cada una de ellas de una manera diferente y para que las valores por lo que son y por lo que tú eres cuando estás con ellas. La belleza de construir una variedad de relaciones está en poder expresar distintos aspectos de nosotras mismas. Oremos:

Oración de su princesa

Amado Dios:

Gracias por mis amigas. Ayúdame a no presionarlas para que suplan todas mis necesidades y deseos. Perdóname por buscar en otros y no en ti la satisfacción a mis necesidades y anhelos. Al pensar en las personas que has puesto en mi camino, te pido que me ayudes a disfrutar de nuestras diferencias. Y muéstrame la forma en que puedo aprender a crecer a partir de mi relación con cada una de ellas. También, Señor, lléname para que pueda ser como un río de bendiciones que alimente y renueve a otros.

Lo pido en el nombre de Jesús, amén.

Mi Príncipe vendrá

CÓMO PREPARARME PARA EL REGRESO DE MI SEÑOR

Nuestro Príncipe vuelve para rescatarnos de los problemas de este mundo, y nuestra historia *no* es precisamente un sueño al estilo Disney. Se trata de la mayor historia de amor jamás contada, y además es verdadera. Nuestro Príncipe nos ama tan fervientemente que dio su propia vida para que podamos vivir con felicidad para siempre. Este capítulo final es sobre cómo debemos prepararnos para ese glorioso día en el que finalmente lo veremos cara a cara, el día de nuestra boda en el cielo. Aun ahora, mientras lees, tu Príncipe está preparando un lugar apropiado para ti.

PUEDES TENER UNA VIDA LLENA DE AMOR

«Ningún ojo ha visto, ningún oído ha escuchado,
ninguna mente humana ha concebido
lo que Dios ha preparado para quienes lo aman».
1 CORINTIOS 2:9

Nuestro Dios sabe lo difícil que nos resulta mantener nuestros ojos fijos en algo que no podemos ver. Pero es posible. Es más, probablemente tú ya lo hayas hecho en alguna ocasión.

¿Recuerdas cuando eras casi una niña y soñabas acerca de cómo sería el verdadero amor? Tú y yo teníamos la esperanza en nuestro corazón de que podríamos encontrar a esa persona especial que nos amaría realmente por lo que éramos. Aunque no podíamos ver su rostro, teníamos sueños y esperanzas a los que aferrarnos.

Ahora somos mujeres, pero aun a muchas de nosotras nos falta encontrar el verdadero amor. No hemos sido rescatadas aún. Nos sentimos desalentadas y nuestros sueños se han transformado en decepción. Ya no estamos llenas de esperanzas en cuanto a «vivir para siempre felices» sino que sentimos la pesadumbre de un corazón roto y herido. Nuestro Príncipe, sin embargo, anhela devolvernos las esperanzas y sueños con respecto al futuro. Nuestros corazones están seguros en él. Nunca nos va a dejar ni a desamparar. Él desea renovar nuestras almas y amarnos para volvernos a la vida. Así que abandona a esa niñita que hay dentro de ti y que necesita ser amada, déjala ir, y enamórate del Príncipe que te ha amado hasta dar su vida por ti.

Carta de amor a su princesa

Mi princesa, mi prometida:

Te amo más allá de lo que puedes imaginar. No hay palabras para expresar cuánto te amo. Sé que a veces sientes que no mereces ser amada, pero permíteme recordarte que no tienes que ganarte mi afecto. Yo extendí mis brazos de amor y morí por ti en la cruz, mi princesa, para que tú pudieras saber cuán fervientemente te amo y lo valiosa que eres para mí.

Oh, mi preciosa y amada, veo el dolor de tu corazón y conozco a aquellos que te han lastimado. Tráeme los trozos que han quedado de ti luego de las heridas que has recibido de otros seres humanos, y yo te mostraré que puedo restaurar tu alma. No mires a nadie más que a mí, amada. Nadie puede comprenderte como yo.

Yo soy el que ama tu alma, y el único que puede amarte de la manera en que ansías ser amada. Se que no puedes verme, pero mi Espíritu está en ti. Puedes oírme hablar a través de mi Palabra. Puedes entrar a mi presencia siempre que lo desees. Estoy a la distancia de una oración. Podrás sentir mi consuelo cuando clames a mí; experimentarás mi gozo cuando me cantes alabanzas. Estoy contigo dondequiera que vayas. Así que aférrate a la esperanza, amada, porque yo vuelvo pronto y entonces viviremos felices para siempre, por toda la eternidad.

Con amor, Tu Príncipe y Salvador, el que te ha amado hasta dar su vida

Lo mejor de enamorarnos de nuestro Príncipe es que él nunca nos rechaza. En realidad, cuanto más te permites amarlo, más llegas a experimentar su santa y amorosa presencia dentro de ti y rodeándote. Oremos:

ORACIÓN DE SU PRINCESA

Señor:

Rodéame con tus brazos de amor. Estoy dispuesta a enamorarme de ti, y solo de ti, con todo lo que soy. Destruye el muro que he construido alrededor de mi corazón y sáname de las heridas y cicatrices que me han dejado aquellos que me han lastimado. Necesito saber que estás realmente conmigo. Revélate a mí en una manera especial, Jesús. Yo quiero creer que soy tuya ahora y para toda la eternidad.

Oro esto en tu precioso nombre, amén.

Para que puedan comprender, junto con todos los santos, cuán ancho y largo, alto y profundo es el amor de Cristo; en fin, que conozcan ese amor que sobrepasa nuestro conocimiento.

EFESIOS 3:18

SÉ SINCERA CON TU PRÍNCIPE

Ante él expongo mis quejas;
ante él expreso mis angustias.
Cuando ya no me queda aliento,
tú me muestras el camino.
Salmo 142:2-3

Aunque todavía nos falta encontrarnos cara a cara con nuestro Príncipe, él lo sabe todo acerca de nosotras. Nada está oculto de él. Él espera tener una relación muy auténtica y profunda con su prometida.

En los Salmos encontramos un ejemplo hermoso de lo que es una verdadera relación con el Señor. Según 1 Samuel 13.14 (RVR 60), el rey David fue conocido como «un varón conforme a su corazón» [el de Dios]. No había nada artificial con respecto a la relación de David con el Señor. Al leer cualquiera de sus salmos descubriremos que David era extremadamente sincero con su Dios. Él no escondía su furia, sus temores, sus desencantos, sus preocupaciones, su alabanza ni su amor por el Padre celestial. Si tú no has experimentado esta cercanía con él, puede ser porque nunca hayas sabido cómo mostrarte enteramente sincera con él. Tú puedes experimentar la intimidad que anhelas si te decides a cambiar esa relación de religiosidad mecánica por una relación totalmente real y transparente con aquel que dio su vida para salvarte, aquel con el que pasarás toda la eternidad.

Hemos hablado acerca de la manera en que David venció la tentación de matar al rey Saúl cuando tuvo la oportunidad de hacerlo. De lo que no hablamos fue de la oración muy «genuina» y sentida que hizo cuando clamó a Dios. Se encuentra en Salmos 109:8, y podemos ver allí que David pide con audacia que los días de Saúl se acorten y que Dios lo reemplace por un rey diferente. Esta fue una manera elocuente de decir: «Por favor, ¡que Saúl se vaya a algún lado en el desierto y que muera!».

Recuerdo que cuando perdí el amor por mi marido, de alguna manera pensaba que si no le hablaba a Dios en oración acerca de Steve, entonces él no se daría cuenta del fracaso que era yo como esposa. Después de varios meses de esconder mis verdaderos sentimientos del Señor, hice una lista de todas las cosas por las que estaba resentida con Steve. Entonces caí sobre mis rodillas y me mostré extremadamente sincera y vulnerable delante de mi Señor. *Si el rey David dejó salir sus quejas, pensé, ¿por qué no podría hacerlo yo? Amo al mismo Dios que él.* Pasé una hora llorando y quejándome.

Cuando acabé de derramar mi corazón delante de mi Señor, a través de esa «repugnante lista», hice un trato con él. Le tomé la palabra y puse a prueba su promesa de que nunca me daría más de lo que podía soportar. Así que le confesé que no podía soportar estar en el ministerio cuando no amaba a mi marido. Fui muy abierta con Dios, y lo puse dentro de un marco de tiempo para que cambiara mis sentimientos con respecto a mi marido; *de lo contrario, le dije, abandonaré tanto a Steve como el ministerio.*

Para mi gran sorpresa, en un término de veinticuatro horas después de haber hecho esa oración, me volví a enamorar de mi marido. Estaba en la cocina cuando miré a Steve a los ojos y comencé a llorar incontrolablemente. Él me preguntó: «¿Qué te sucede?» Le respondí: «Te amo otra vez». En ese momento supe que Dios mantiene sus promesas. Él era el único que podía rescatarme de mi desesperación y cambiar mi corazón de la dureza y la desesperanza a estar lleno de amor y en orden con él.

También me di cuenta de que al aferrarme a mis heridas y resentimientos en lugar de clamar a mi Rey, había permitido que un cáncer espiritual invadiera mi corazón. Me estaba matando desde adentro, y extendiéndose a todas las áreas de mi vida.

Hoy he descubierto el gozo y la libertad que vienen de mantener una relación verdadera y auténtica con el Dios que me ha dado vida. También he aprendido a ser sincera conmigo misma con respecto al hecho de que no puedo manejar las pruebas, el sufrimiento y los problemas que esta vida me presenta sin estar en una comunicación constante, abierta y sincera, con mi Rey. Su amor es sorprendente y tú y yo tenemos la gran bendición de ser la novia de un Príncipe que nos brinda paz, poder y protección. Él es nuestro lugar seguro; ¡después de todo, somos sus princesas! Él debe desear que nosotras corramos a sus brazos de amor incondicional y que le digamos todo lo que tenemos en el corazón. Es maravilloso saber que su amor por ti y por mí nunca cambiará, sin importar cómo nos sintamos o lo que le digamos.

Así que no escuches al enemigo de tu alma cuando sugiera que puedes salvarte por ti misma del sufrimiento y de los problemas que nos presenta este mundo. Cuando algo te hiere o alguien te provoca enojo, cuéntale todo al Señor. No tienes que esperar el regreso del Señor para comenzar a experimentar intimidad con él. Está contigo ahora en espíritu, así que clama a él sobre lo que tengas en el corazón. No pierdas un minuto más caminando sola. Tu Príncipe espera que le hables, así que abre tu corazón y permítele amarte y bendecirte con una paz que sobrepasa todo entendimiento humano.

CARTA DE AMOR A SU PRINCESA

Mi princesa:

No temas mostrarte tal como eres conmigo. Yo ya lo sé todo sobre ti, amada. Sé cuántos cabellos hay en tu cabeza. Sé cuando te acuestas y cuando te levantas. Yo soy tu Príncipe, y di mi vida para que pudieras tener completo acceso a la sala del trono de los cielos. Me rompe el corazón ver que estás en necesidad y no acudes a mí. Yo puedo suplir todas tus necesidades, si me permites entrar en tu vida. Te prometo que siempre seré tu lugar seguro y tu Príncipe de paz.

Así que ven a mí ahora con la verdad. No hay nada que me puedas decir que cambie mis sentimientos hacia ti. Me encanta que vengas a mí y me comuniques cómo te sientes, tus fracasos y tus temores. Puedo revelarte más plenamente mi poder cuando vienes a mí en completa sinceridad. También deseo que sepas cuán grande es mi amor por ti, pero no te obligaré a ser sincera. Así que esperaré pacientemente hasta que estés dispuesta a serlo.

Con amor,

Tu Príncipe, que es todo lo que tú estás buscando

Sé en quien he creído, y estoy seguro de que tiene poder para guardar hasta aquel día lo que le he confiado.
2 TIMOTEO 1:12

Podemos confiarle a nuestro Príncipe cada uno de nuestros oscuros y profundos secretos y todas nuestras preocupaciones. Así que puedes hacerte el mayor de los regalos: una relación de intimidad con aquel que lo dio todo por ti.

APASIÓNATE POR LA PALABRA

Instrucciones básicas para antes de abandonar la tierra

«Yo soy la vid y ustedes son las ramas.
El que permanece en mí,
como yo en él, dará mucho fruto;
separados de mí no pueden ustedes hacer nada.
JUAN 15:5

Una manera fundamental en la que nos acercamos a Dios es leyendo su Palabra. «Permanecer en él» es leer, estudiar, meditar, memorizar y conocer su Palabra. ¿Te imaginas que sucedería si recibieras cartas de amor de tu marido todos los días y te rehusaras a leerlas? Nunca llegarías a conocer las verdaderas expresiones del corazón de él. Nunca sabrías lo que piensa o lo que desea que tú sepas. Tu elección de ignorar sus cartas lo haría sentir terriblemente rechazado, y tú te privarías de esa intimidad con él que tanto deseas. Estoy segura de que nuestro Señor se siente de esa manera. Él nos ha dejado palabras de vida. Él expresa su amor a través de esas palabras, y sin embargo nos perdemos el conocimiento de todo lo que debemos hacer y saber para prepararnos para el glorioso día de nuestra boda.

¿Por qué no anhelamos leer la Palabra escrita, las «cartas de amor» de nuestro Rey?

He descubierto algunas razones.

Consideremos una de ellas, que yo conozco demasiado bien.

Lucho por quedarme quieta. Por alguna razón, siento que si no corro desde que me levanto hasta el momento en que caigo de nuevo sobre la cama, no soy productiva. Me siento como aquella novia que trabaja frenéticamente para cumplir con todos los detalles que se requieren para el día de la boda, pero descuida lo más importante: su relación con aquel con el que va a pasar su vida. Cuando transcurro mis días sin leer la Palabra y no me hago un tiempo para parar, me agoto y termino exhausta. ¿Podemos relacionar una cosa con la otra?

Si te estás esforzando por hacerte un tiempo para leer la palabra de Dios, te animo a unirte a algún estudio bíblico de tu iglesia o a un grupo de hogar de estudio. También nos ayuda tener un compañero al que rendirle cuentas. Y he descubierto que cuanto más leo la palabra de Dios, más deseo vivir para mi Rey. Cuando dedico tiempo a leer la Biblia, pienso sobre mi Príncipe durante todo el día. Como sucede con las cartas de amor de mi marido, eso llena mi corazón de calidez y amor. La palabra de Dios llena mi espíritu de amor y esperanza, y siento su presencia conmigo a través del día. También he descubierto que cuanto menos leo la palabra escrita de Dios, menos deseo vivir para él y tiendo más a vivir para mí misma, y esa no es una buena opción para su princesa. Oremos:

Oración de su princesa

Amado Señor:

Perdóname por no pasar más tiempo leyendo la Biblia y tratando de conocerte mejor. Dame convicción de pecado cuando considero otras cosas como más importantes y no dedicó tiempo a estar contigo. Pon en mi corazón una pasión por la quietud, por sentarme a tus pies para escuchar tus palabras de verdad, tus declaraciones de amor, y tus promesas de fidelidad hacia mí. Envía un fresco viento de tu Espíritu para limpiar todo aquello que aleja mi corazón de ti, de modo que te conozca mejor y te ame más.

En el nombre de Jesús te lo pido, amén.

PONTE EN ORDEN CON DIOS

Dichoso el que teme al Señor, el que halla
gran deleite en sus mandamientos.
Sus hijos dominarán el país;
la descendencia de los justos será bendecida.

Salmo 112:1-2

Nunca un momento es inoportuno para ponerse en orden con Dios. Y algo sorprendente en lo que hace a nuestra relación con él es que no tenemos que ponernos en orden primero para acercarnos a él. De acuerdo con su Palabra, es cuando llegamos con nuestra confesión que él nos vuelve tan blancos como la nieve. ¡Alabado sea nuestro Dios! Pero muchas de sus princesas piensan que se han alejado demasiado como para poder regresar de nuevo y ponerse a cuentas con el Rey. ¡Eso es una mentira! La verdad es esta: Dios siempre nos perdona y aleja de nosotros nuestros pecados; los hace tan distantes como el este del oeste. Dios desea fervientemente poder ayudarnos. Él es capaz de convertir las peores circunstancias y los mayores pecados en algo que puede usar para su reino.

El rey David, que amaba a Dios con todo su corazón y que siendo un muchacho de gran fe se paró en el campo de batalla con el valor necesario como para enfrentar y matar a un gigante, fue el mismo rey que esquivó el asumir una responsabilidad. En lugar de dirigir su poderoso ejército en la batalla, David hizo la elección equivocada de quedarse en su casa. Esa decisión abrió la puerta a la tentación, y David entró por ella: cometió adulterio con Betsabé. Luego intentó ocultar sus acciones pecaminosas al colocar al marido de Betsabé en el frente de batalla para asegurarse de que fuera muerto. Sí, estamos hablando de adulterio y asesinato por parte de un varón que era conforme al corazón de Dios; David quedó devastado por sus propias acciones. Cuando leemos algunos de sus salmos, percibimos que expresa su dolor de una manera que nos parte el corazón. Aún cuando obviamente se sentía en medio de una horrible pecaminosidad y alejado de Dios, David sabía que la única manera de tratar con su culpa y vergüenza era confesar su pecado a aquel contra el que, en última instancia, había pecado.

Ahora bien, la confesión del pecado implica perdón pero no evita las consecuencias que nuestras acciones provoquen. Siempre habrá consecuencias como resultado de nuestras malas elecciones. Pero también siempre encontraremos redención en nuestro Dios. David tuvo que vivir con las consecuencias de sus malas elecciones, pero (por la gracia de Dios y a pesar de su pecado pasado) David siguió adelante para cumplir con su llamado como rey. Dios le mostró su inagotable misericordia en el bendecido don del rey Salomón. Y como leímos anteriormente, este hijo del rey David y Betsabé se convirtió en el hombre más sabio que jamás vivió, el rey más sabio que jamás gobernó, aun cuando sus padres hubieran pecado contra Dios. Nuestro Príncipe nos ama con ternura y misericordia aun cuando no lo merecemos. Somos muy bendecidas por pertenecerle.

Yo pensaba que estaba libre de la vergüenza de mi pasado hasta un día después de saber que estaba embarazada de mi primer hijo. En esa tarde, la vergüenza emergió otra vez, y con mucha fuerza.

Mi marido y yo estábamos muy ansiosos por ir al médico para que confirmara que íbamos a tener un bebé. Allí, sobre la camilla del médico, él me preguntó si deseaba oír los latidos de mi bebé. Le respondí: «¿Cómo es posible? Apenas estoy embarazada de seis semanas». Me habían informado, erróneamente, que los bebés no tenían latidos por lo menos hasta las veinte semanas.

El doctor colocó el estetoscopio sobre mi vientre, y por primera vez escuché el latido del corazón de mi hijo. Comencé a llorar. Mi marido pensó que se trataba de lágrimas de alegría. Pero la verdad era que lloraba lágrimas de dolor y arrepentimiento, ¡y hasta de terror!

¿Cómo era posible que un momento tan milagroso me produjera esa reacción? Memorias pasadas invadieron mi mente. Traté de retener las lágrimas mientras recordaba una tarde doce años atrás. Yo tenía solo dieciséis años en ese tiempo, pero el recostarme sobre la camilla del médico de pronto me hizo sentir como si todo hubiese sucedido el día anterior. Un estúpido error con un muchacho había acabado en un embarazo. El doctor que me practicó el aborto me dijo que estaba haciendo lo correcto. «Solo han pasado seis semanas. No es un bebé. Ni siquiera tiene latidos», me aseguró.

Ahora me sentía confrontada por primera vez con la horripilante verdad con respecto a aquella decisión de tanto tiempo atrás, y me sentía demasiado avergonzada como para decírselo a mi marido. Durante varios años más viví con esa vergüenza y el temor de que seguramente Dios me quitaría mi hijo para castigarme. No sabía cuál sería el camino para ponerme en orden con Dios por algo tan errado, algo que había sucedido hacía tantos años.

Mi Príncipe finalmente me rescató el fin de semana de Pascua de 1999. Era la noche del Viernes Santo, y estábamos en la iglesia. Se había colocado una gran cruz de madera sobre el altar, y cada uno de nosotros tenía en la mano un gran clavo y un pequeño trozo de papel. Entonces el pastor nos contó la historia de Pascua de una manera en que nunca había escuchado antes. Cuando acabó, invitó a todos los que se sentían atrapados por la vergüenza o algún pecado del pasado a que lo escribieran en su papel, se adelantaran hasta la cruz, tomaran un martillo, y lo clavaran allí.

Yo pensé: *¿Podrá realmente mi Señor limpiar las manchas de culpa de mi alma y quitarme la vergüenza?* Me quedé sentada, paralizada por el temor de lo que la gente podría pensar si me viera caminar hacia el frente. Finalmente, sentí que el Espíritu de Dios me susurraba: *Entrégame tu pasado. Dame tu vergüenza.* Me levanté y caminé hacia la cruz. En el mismo momento en que levanté el martillo y golpee sobre el clavo, atravesando aquel pecado confesado, sentí en mi espíritu que el Señor me decía: Esta es la razón por la que tenía que morir por ti: para llevar todas tus culpas y vergüenza. En ese momento, él reemplazó mi sufrimiento pasado por su paz.

Luego de aquella noche, comencé a comprender que la confesión es más que un requerimiento por parte de Dios, o una obligación que debemos enfrentar. La confesión es un don de Dios a través del cual el reemplaza las fortalezas de nuestro pecado pasado y la vergüenza por la bendición del perdón y la libertad, de la sanidad y la esperanza. Hoy vivo liberada del temor al castigo de Dios, no por algo que haya podido hacer por mis propias fuerzas, sino porque mi Príncipe ha pagado el precio de mi pecado. ¡He sido perdonada!

Si estás atrapada por algo, tal vez sea tiempo de que mires a la cruz como algo más que un símbolo de la muerte de tu Salvador. Cuando nuestro

Señor murió y resucitó, él quebró para siempre el poder del pecado sobre nuestras vidas.

Ahora mismo tómate un momento para invitar al Señor a que escudriñe tu corazón en búsqueda de algún pecado irresuelto de tu pasado que continúa atormentándote. ¡No esperes hasta el día de las bodas! Puedes experimentar limpieza y libertad a partir de este día en adelante.

Oración de su princesa

Señor:

No puedo evitar mirar mi vida hacia atrás sin sentir culpa y pena. Pienso en las cosas que nunca debería haber hecho o dicho y en todas las cosas que podría haber hecho. Reflexiono sobre aquellas ocasiones en que te causé vergüenza a ti y a mí misma, y sufrimiento a otros. Sé que tu Palabra dice que me has lavado y dejado tan blanca como la nieve y que tú deseas que yo no permita que la culpa por aquellas cosas erradas que cometí me ate. Pero no puedo hacerlo sin tu ayuda. Por favor, renueva mi mente por tu Palabra y ayúdame a aceptar que tú moriste por todos mis errores y pecados. Ayúdame a creer que puedo convertirme en una nueva persona y tener un nuevo comienzo contigo. Estoy dispuesta a ser librada de la culpa de mi pasado, y avanzar hacia una vida de victoria y propósito en ti.

Lo pido en el nombre de Jesús.

Con amor,

Tu princesa, que acepta tu limpieza

Por lo tanto, si alguno está en Cristo,
es una nueva creación
¡Lo viejo ha pasado, ha llegado ya lo nuevo!

2 Corintios 5:17

APASIÓNATE POR TU LLAMADO

Conozco tus obras; sé que no eres ni frío ni caliente. ¡Ojalá fueras lo uno o lo otro! Por tanto, como no eres ni frío ni caliente, sino tibio, estoy por vomitarte de mi boca.

Apocalipsis 3:15-16

No hay nada más renovador que meterse en un arroyo de aguas frescas en un día cálido de verano. Pero cuando vivíamos en Arizona, las tardes, luego del mediodía, eran tan calientes que nuestra piscina no resultaba refrescante. Y una piscina tibia en un día de calor abrasador no resulta para nada atractiva. Uno se mete en ella esperando refrescarse, pero apenas puede darse cuenta de que se ha introducido en el agua.

Cuando nuestras vidas se vuelven tibias con respecto a Jesús, la gente puede entrar y salir de ellas sin sentirse refrescadas, ni calentadas, ni nada de nada. Eso es una tragedia.

Sin pasión por nuestro Príncipe y su regreso, nuestras vidas se vuelven un sinsentido, apenas un fugaz momento de placer mundano (Eclesiastés 2:11). La pasión es el viento que hinche nuestras velas, el combustible que necesita nuestro motor. A qué lugar y a qué distancia nos lleve nuestra pasión dependerá de la disposición que tengamos a ser conducidas por nuestro Señor.

¿Qué haremos con nuestra pasión? ¿Le permitiremos a Dios avivar esa chispa hasta convertirla en llama a través de su Espíritu, o permitiremos que nuestra pasión tome una dirección equivocada o que se extinga a causa de las distracciones de este mundo?

La pasión sin un propósito determinado por Dios puede resultar autodestructiva, o puede volverse totalmente inútil, acabando por ser algo sin ningún valor eterno. Pero la pasión por nuestro Señor resulta imposible de detener e increíblemente poderosa. El movimiento Guardadores de Promesas constituye un ejemplo perfecto de lo que es una pasión bien dirigida.

Mi impresión es que el fuego comenzó dentro de esos hombres cuando las mujeres comenzaron a clamar a su Señor a favor de sus matrimonios y hogares. Nuestro Dios respondió esas oraciones a través de Coach McCartney, un hombre cuya pasión por los matrimonios sólidos lo llevó a dar comienzo a Guardadores de Promesas. Qué impresionante espectáculo es ver a decenas de miles de hombres reunidos con el propósito de convertirse en grandes líderes, tanto de la nación y como de sus hogares, a través de llevar vidas santas, amar a sus esposas, y conducir a sus hijos en los caminos del Señor. El mundo alcanzó a echarle un vistazo al poder que hay en los Guardadores de Promesas cuando un millón de hombres se paró en las escalinatas del capitolio de la nación, en Washington DC, para hacer una declaración pública comprometiéndose con Dios y con sus familias.

Pensemos también en Mel Gibson, ese hombre que fue foto de tapa de la revista *People* y al que se declaró el hombre más sexy de la actualidad. Es el mismo actor de cine que dijo que se sentía solo y desgraciado antes de desarrollar una pasión por hacer algo para Dios. Esa pasión lo impulsó a producir una película sobre la muerte y resurrección de nuestro Señor. Dios le dio la fe para invertir sus propios recursos financieros, y el valor de mantenerse en pie delante de cada adversario que avanzó contra él (¡y fueron unos cuantos!) y de arriesgarse a perderlo *todo,* su fama, su influencia en Hollywood, y millones de dólares. Ninguno de los que está en el negocio del espectáculo pensó que *La pasión de Cristo* pudiese tener éxito, pero esta película se ha convertido en una de las más comentadas y polémicas de todos los tiempos. Mel Gibson asumió el lado de Dios durante este proyecto. Ni siquiera necesitó pagar publicidad: ¡los medios se hicieron cargo de eso! Y él recaudó más dinero con esa sola película que con todos sus filmes anteriores *juntos*. ¡Qué gran ejemplo, y qué demostración tremenda de lo que el poder de Dios es capaz de hacer para el avance de su reino cuando se combina con nuestra pasión.

La pasión puede ser incentivada dentro de nuestros corazones de diferentes maneras. Puede arraigarse en sueños atesorados durante años y en metas irrenunciables. A veces llega a través de una simple oración hecha a nuestro Príncipe, pidiéndole que coloque en nosotros esa llama que necesitamos para hacer nuestra parte. Si estás aburrida de tu vida, te invito a que entres en acción, y que en una corta oración le pidas a Dios que te muestre lo que quiere que hagas. ¡Será la primera de tus muchas aventuras con el Rey!

La pasión a veces nace a causa de una tragedia. Esa pasión arde profundamente adentro y no es fácil que se apague. Mothers Against Drunk Driving [Madres en Contra de los Conductores Alcoholizados], por ejemplo comenzó a existir a través de una madre cuyo hijo fue muerto por un conductor ebrio. Cuando el atentado del 11 de septiembre golpeó a nuestra nación, quedamos muy sacudidos, y parecía que nada bueno podría surgir de un evento tan trágico. Aunque el recuerdo de ese día siga siendo doloroso (y siempre lo será), Dios ha producido muchas cosas buenas a través de él. Nuestra nación manifestó una unidad mucho mayor de la que se había visto en décadas (y continúa haciéndolo). Al dirigir todos nuestra atención hacia la imagen de aquellas torres ardiendo, nuestras diferencias dejaron de dividirnos. También mucha gente se volvió apasionada por Dios y comenzó una nueva relación con él, o la renovó. Hemos visto que cristianos de todo el mundo se han vuelto más fervientes en la oración por nuestra nación y por nuestro presidente, y también en cuanto a predicar el evangelio a sus vecinos. Estos son simplemente algunos ejemplos, pero la lista de grandes ministerios y misiones que dieron comienzo a causa de derramar lágrimas de compasión, o de un corazón herido, es larga, y cada uno constituye un testimonio de cómo el dolor se transformó en un propósito eterno y en una pasión por realizar algo grande para el avance del reino de Dios.

Tengo un hermano menor que, al igual que yo, tomó una cantidad de decisiones equivocadas en la vida. También como yo, quedó devastado cuando nuestros padres se divorciaron y nuestra familia se destruyó. Hoy es cristiano, pero (por elección propia) vive en los refugios para los sin techo. Me pregunté por años cuál sería la razón por la que un hombre tan inteligente como él habría elegido vivir en las calles en lugar de optar por la comodidad de un hogar.

El año pasado cuando estuve en Bay Area hablando en una conferencia, mi marido y yo nos tomamos una tarde y viajamos en automóvil hasta Santa Cruz, orando mientras conducíamos que el Señor nos permitiera ministrarle a alguien. Estaba demasiado frío como para caminar por la playa, así que anduvimos a la ventura y entramos a una cafetería que había en el embarcadero para observar la caída del sol. Recién nos habíamos sentado cuando, en la otra punta de la cafetería, divisé un rostro familiar. ¡Era mi hermano menor! A pesar de que nos manteníamos en contacto por teléfono, no lo había visto personalmente por años, y apenas lo reconocí. Se apreciaba en su cara las dificultades de la vida que había llevado, pero su exuberancia juvenil todavía se percibía un poco, casi apagándose, en el brillo de sus ojos. Sorprendida de que Dios hubiera orquestado semejante encuentro, rodee con mis brazos a mi hermano.

Steve y yo invitamos a Michael a cenar esa noche. Me significó un gran esfuerzo no soltar las lágrimas. Una parte de mí estaba enojada con Dios por permitir que nuestra familia hubiese sido tan destruida, y la otra parte estaba enojada con mi hermano por no hacer nada con su vida. Apenas lo conocía ahora, pero todavía anhelaba ver un milagro en su vida. En realidad, lo que quería era rescatarlo de su vida en las calles. Sabía, sin embargo, que todo el dinero del mundo no constituiría una motivación para que él se volviera alguien responsable.

Después de la cena, Michael nos pidió que fuéramos al apartamento en el que vivía. Cuando llegamos allí, noté que el lugar era más bien era una vivienda colectiva, constituida por chocitas de un solo dormitorio, y no un edificio de apartamentos. No había allí familias. Solo prostitutas y traficantes de drogas (y oficiales de policía patrullando las calles). Me puse nerviosa por tener que salir del automóvil, pero no podía rechazar la invitación de mi hermano de ir a conocer a sus compañeros de cuarto. Había muy poco espacio, y no tenía muebles, a excepción de dos colchones sobre el piso en el cuarto de adelante y otros dos en el pequeño dormitorio.

«Su hermano ora por nosotros y nos enseña la Biblia», nos dijo una de las jovencitas, que había sido prostituta por varios años. Su joven sonrisa se había endurecido a raíz de los años de sufrimiento y abusos que había padecido. La segunda compañera de habitación llevaba un maquillaje muy cargado y apenas abrió la boca. Mi hermano nos contó que él le había estado ministrando a este muchacho joven (¡sí, varón!) desde que lo había encontrado en las calles. El otro compañero de cuarto estaba lavando la ropa en una pileta y nos dijo que los tres se sentían protegidos por mi hermano a causa de su amor por Jesús.

Cuando abrazamos a mi hermano para despedirnos, le dimos algo de dinero y le prometimos orar por él. Teníamos el corazón partido por aquellas personas que vivían en esas condiciones. Steve y yo lloramos durante la mayor parte de nuestro recorrido de regreso al hotel, y los dos nos sentimos avergonzados por haber juzgado a mi hermano. Vimos su pasión por aquellos que no tenían ni techo ni esperanza. Ese día mi enojo se convirtió en gratitud. Me di cuenta de que a pesar de que Michael y yo proveníamos de un hogar destrozado y habíamos elegido caminos muy diferentes en la vida, ambos estábamos en un ministerio de tiempo completo para el avance del reino de Dios. Michael ministraba a la gente en las calles, y yo ministraba a las mujeres que estaban criando a la nueva generación para Dios. Ambos estábamos apasionados por nuestro llamado, en parte a causa de los sufrimientos que habíamos experimentado en nuestro pasado. Así que no permitas que el dolor de tu pasado, o las malas decisiones que hayas tomado te paralicen por más tiempo. En lugar de eso, permítele a Dios que use tu dolor para volverte una persona apasionada. Sea lo que fuere aquello para lo que tu Príncipe te rescató, pásales a los que aún viven prisioneros de su dolor la clave que puede conducirlos a la libertad. Tienes dentro de ti el poder para ayudarlos. Dios no nos ha sacado de las tinieblas para mantener su luz escondida dentro de nosotros. Es tiempo de ayudar a aquellos que están en nuestro radio de alcance.

Ten en cuenta que no es necesario que pases por grandes sufrimientos para desarrollar pasión por lo que constituye el propósito de tu vida. La pasión está a la distancia de una oración. Dios también usa nuestras esperanzas y sueños para volvernos apasionados. Así que mira dentro de ti misma. ¿Qué es lo que te mueve? ¿Por qué cosas estás profundamente preocupada? Ahora lleva ese sueño delante de tu Rey y pídele que haga algo grande a través de ti para su reino eterno. Si has perdido tu pasión por la vida, pídele al Señor que la restaure en tu interior. En realidad, permíteme orar por ti ahora mismo.

Oración de su princesa

Amado Señor:

Levanto a esta princesa delante de tu trono. Te pido que restaures en ella los sueños que alguna vez acarició y la pasión por hacer grandes cosas por ti. Recuérdale que tú puedes usarla, y de hecho lo harás, independientemente de su pasado y sin importar cuál sea su presente. Espíritu Santo, te pido que la consueles y alientes, y que restaures en mi hermana una pasión por ti y por tomar parte en el avance de tu Reino. Concédele el deseo de su corazón y permite que ese deseo arda apasionadamente para ti.

En el nombre de Jesús oro por ella, amén.

DESARROLLA UNA VIDA DE ORACIÓN CON PROPÓSITO

Oren en el Espíritu en todo momento, con peticiones y ruegos. Manténganse alerta y perseveren en oración por todos los santos.

Efesios 6:18

Sé por experiencia personal lo difícil que puede ser creer que el Dios de todo el universo escucha nuestras oraciones. Yo solía pensar que debía haber alguna fórmula mágica que necesitaba aprender para lograr que la mano de Dios se moviera cuando se lo pedía. Pero hoy sé que aquellos que llamamos a Jesús «Salvador» somos de la realeza, y que Dios escucha nuestras oraciones y tenemos acceso permanente a la sala del trono de nuestro Rey. Cuando comenzamos a orar por algo, y especialmente cuando oramos con un propósito, suceden cosas sobrenaturales. Cuando pedimos a Dios que haga algo significativo para el avance de su Reino, él siempre hace que alguna cosa grande suceda.

Lo que pidan en mi nombre, yo lo haré
Juan 14:14

A nuestro Príncipe le encanta escuchar nuestras oraciones, pero su respuesta no siempre estará exactamente de acuerdo con lo que pedimos. ¡Probablemente será mejor!

Cuando recién me había convertido en madre, deseaba que mi hijo viera por sí mismo la mano de Dios moverse en su vida. Así que comencé orar con él cuando tenía dos años, y casi todos los días Jake y yo teníamos nuestro encuentro con Dios. Le pedíamos que nos usara para hacer su obra en ese día, y me alentaba ver a mi niñito tan apasionado por la oración.

Cuando Jake cumplió los trece años, oré para que Dios lo ayudara a comprender la verdadera alegría de dar. Como ya lo he mencionado, vivimos en un pequeño pueblo de Oregon central, en el que no hay centro comercial. Un día Jake y yo fuimos a Portland para hacer muchas compras. Habíamos guardado dinero durante todo el año para ese gran día en el centro comercial. Mientras viajábamos hacia allí, yo oré junto con Jake para que el Señor nos diera un encuentro divino, y nuestro Dios no perdió nada de tiempo en responder nuestra oración.

Caminamos hacia el centro comercial, y de inmediato Jake se fue hacia el negocio de las computadoras. Al seguirlo, note que una jovencita estaba acurrucada en un banco, temblando. Estaba helado afuera y ella aparentemente no tenía un abrigo. No podía ver su rostro, pero resultaba evidente que estaba pasando por sufrimientos físicos y emocionales. Me partió el corazón aún antes de hablarle. No podía evitarlo: quería hacer algo por ella, así que me aproximé y le dije: «Por favor, permíteme orar por ti». Para mi sorpresa, se burló abiertamente de mí, diciéndome con sarcasmo: *«¡No me diga!»*, a lo que respondí: «No me iré hasta que ore por ti». Ella me miró con ira en los ojos y dijo: «Está bien. Hágalo y terminemos con esto». Jake caminaba hacia nosotras en el preciso instante en que comencé a hacer esta oración:

> Amado Dios:
> No sé por lo que ha pasado esta muchacha, pero tú sí, así que por favor, hazle saber que tú la amas y que puedes y quieres ayudarla. Por favor, muéstrale hoy, de alguna manera, que ves que su corazón está roto y tú puedes devolverle lo que ha perdido.
> Te lo pido en el nombre de Jesús. Amén.

Esa preciosa niña pasó de mostrarse fría y distante a llorar de manera incontrolable, y comenzó a contarnos su historia en medio de sus lágrimas. Había quedado embarazada, pero sus padres quisieron que abortara el bebé. Ella quería tenerlo y casarse con su novio, que era el padre del niño. Sus padres la echaron a la calle. Ella y su novio se quedaron con el bebé, durmiendo bajo un puente, y siguieron concurriendo a la escuela secundaria. Pero, como eran personas sin hogar, finalmente dieron al bebé en adopción.

El novio de la chica venía caminando hacia nosotros mientras ella continuaba contándonos su historia, y mi hijo dijo en voz alta: «Mamá, es tiempo de que hagamos las compras». Le pregunté: «Jake, ¿has oído sobre la situación en la que están?» Él me respondió: «Precisamente. Es por eso que debemos gastar en ellos el dinero que tenemos para compras». Ese día Jake llevó al muchacho a comprarse ropa, una bolsa de dormir, zapatos nuevos y una mochila. Yo llevé a la muchacha a hacer lo mismo. Al final de nuestro tiempo con ellos, tuvimos que hacer la mayor de todas las oraciones: la oración de entrega para la salvación. Luego, nuestro ministerio les envió un cheque para que consiguieran un apartamento y salieran de las calles.

Mientras Jake y yo regresábamos a casa sin bolsas de compras en el automóvil, Jake me dijo: «Mamá, ¡este fue el mejor día de mi vida!» En ese momento me di cuenta de que cuando Jake sea mayor no recordará ninguna de las cosas que yo le he comprado, pero nunca olvidará el día en el que Dios usó su vida como un don para otras personas. No necesitamos dinero para construir este tipo de recuerdos imborrables en nuestros hijos. Si de algo nos aleja el dinero es de las cosas más valiosas de la vida, y *actuar de acuerdo con el propósito del Señor para nosotros, vivir en el poder de Dios, y ver la manera en que él responde nuestras oraciones* son tres de los tesoros más grandes de nuestra vida. Y no son cosas que podamos comprar para nuestros hijos. Son parte de un legado que construimos dentro de ellos a través de nuestro ejemplo al orar con propósito y actuar según la guía de Dios.

Una cosa más. He descubierto que cuando mi familia tiene mayor necesidad de Dios, eso nos une mucho más. Los tiempos difíciles nos llevan a caer sobre nuestras rodillas para orar juntos.

¡Tú y yo tenemos que transmitir a nuestros hijos el tremendo don de una vida de oración con propósito!

Al que puede hacer muchísimo más que todo lo que podamos imaginarnos o pedir, por el poder que obra eficazmente en nosotros, ¡a él sea la gloria en la iglesia!

Efesios 3:20-21

ORACIÓN DE SU PRINCESA

Amado Dios:

Quiero orar con propósito. Ayúdame a saber que tú me oyes cuando clamo a ti, y dame el valor de pedirte que hagas grandes cosas. Recuérdame que tengo el privilegio de acercarme a ti en todas las circunstancias, y gracias porque tú te preocupas por escuchar cada pedido mío.

En el nombre de Jesús oro, amén.

TEN FE

Ahora bien, la fe es la garantía de lo que se espera, la certeza de lo que no se ve.

HEBREOS 11:1

Nuestro Príncipe sabe lo difícil que puede ser para nosotros creer en algo que no podemos ver todavía. A veces se nos dificulta mantenernos enfocados en él cuando nuestro mundo personal parece venirse abajo y nuestras bases se sacuden por causa de las circunstancias. Pero si somos su prometida y vamos a vivir por fe, tendremos que tomar al pie de la letra su palabra y confiar en él para todas las cosas. Su Palabra dice esto con respecto a la fe:

En realidad, sin fe es imposible agradar a Dios.
Hebreos 11:6

No se tú, pero con seguridad yo me he sentido como debieron haberse sentido los discípulos cuando se aferraban al bote en medio del mar agitado. Cuando las tormentas han golpeado mi vida, me he preguntado (creo que como lo hicieron los discípulos): *¿Estará mi Señor durmiendo mientras yo me ahogo en mis problemas y preocupaciones? ¿Me rescatará de este temor, o esta situación me va a sobrepasar?* Pero luego pienso en el momento en que Jesús le pidió a Pedro que caminara sobre las aguas. Él no comenzó a hundirse hasta que quitó sus ojos del Señor y los colocó en sus circunstancias, en el ¿y que tal si...? y en la posibilidad muy real de ahogarse (Mateo 14:30). Los discípulos, y en especial Pedro, nos enseñan el secreto de la verdadera fe: mantener los ojos fijos en nuestro Señor y no en nuestras propias vidas.

Aquí incluyo algunas cosas que podemos hacer para mantener nuestros ojos firmes en nuestro Príncipe:

1. Podemos transformar el temor en fe al elegir orar en lugar de preocuparnos.

2. Podemos ir inmediatamente a su Palabra para que nos recuerde quién es él y para repasar sus promesas.
3. Podemos oír música de alabanza a lo largo del día para permanecer enfocadas en él.
4. Podemos llamar a alguna amiga para que ore por nosotras, en especial cuando nos sentimos demasiado débiles para orar por nosotras mismas.
5. Podemos anotar una promesa específica de su Palabra con respecto a nuestra situación y memorizarla o colocarla en algún lugar visible para mirarla con frecuencia.
6. Podemos escribir oraciones (nuestras cartas de amor a Dios) en un diario. Este es un acto físico a través del que entregamos la situación a nuestro Señor. Y en el futuro, cuando enfrentemos nuevos desafíos, podremos mirar hacia atrás y leer sobre su fidelidad con respecto a nosotras en el pasado.

Durante todos los días de tu vida, nadie será capaz de enfrentarse a ti. Así como estuve con Moisés, también estaré contigo; no te dejaré ni te abandonaré.

JOSUÉ 1:5

¡Qué tremenda promesa de nuestro Príncipe!

Él anhela que verdaderamente confiemos en él y que le tomemos la palabra. Muchas veces nuestra fe en él crece durante las circunstancias más difíciles y que más desafíos implican. Por ejemplo, ¿podemos imaginar la clase de fe que debe haber tenido María, la madre de Jesús? Pensemos un momento. Imaginemos a una virgen de dieciséis años a la que un ángel le dice que ella quedará embarazada por el poder del Espíritu Santo y que dará a luz al Hijo de Dios, el Salvador del mundo. ¿Qué pensaría su prometido? ¿Y qué haría? Pero ella confió en Dios y en su plan para su vida.

¿Y qué de Noé? Hoy su historia es famosa por la fe que tuvo. Pero mientras construía el arca, no hubo ni la más mínima señal de lluvia en el cielo. Estoy segura de que sus vecinos se burlaban de él, y de que su esposa, hijos y nueras ciertamente le habrán preguntado muchas veces: «¿Estás seguro de que Dios en realidad va a inundar la tierra?» Sin embargo, la familia de Noé aceptó su conducción a causa de su fe en Dios y todos sabemos cómo acabó la historia.

¿Recordamos a Sara? Cuando Dios le prometió un hijo por primera vez, ella tuvo fe, pero con el paso del tiempo se cansó de esperar en el Señor y en sus tiempos. Así que decidió ayudar al cumplimiento de la promesa de Dios y su marido durmió con una sirvienta para que ella pudiera tener el bebé que tanto anhelaba. A medida que su plan seguía su curso, sin embargo, Sara comenzó a sentirse desgraciada, llena de celos y amargura. Pero nuestro Dios, por su gracia, le dio su Isaac, el bebé varón que le había prometido.

Ahora, yo me puedo identificar un poco con Sara porque siempre deseé una niña. Amaba a mi hijo, pero mi corazón anhelaba una niñita, y Dios promete darnos los deseos de nuestro corazón (Salmos 37:4). Él no pone esos deseos en nuestro corazón para atormentarnos, pero yo perdí tres bebés, y anhelaba mucho ser madre de una niñita. Después de mis tres abortos le pedí al Señor que me diera una hija o que me quitara por completo ese deseo del corazón. Bien, Dios no me quitó el deseo. Al contrario, se hizo aún más intenso, pero no tenía suficiente fe como para confiar en él. Y ya estaba por cumplir cuarenta años. Le pedí a mi marido que se hiciera una vasectomía, pensando que si nos resultaba físicamente imposible tener más hijos, entonces dejaría de desear tener uno más. Como Sara, tomé el asunto en mis manos.

Seis semanas después de la cirugía de Steve, fui a Nashville para una convención de libreros cristianos. Mientras estaba allí, una escritora a la que acababa de conocer en esa convención se acercó a mí y me dijo: «¿Tiene usted en su corazón el deseo de tener una hija?» Le respondí: «Sí, pero ya es demasiado tarde para mí». «Bueno, en verdad, el Señor me dijo que usted está embarazada ahora de la niñita que tanto había deseado». Por supuesto, no le creí, así que a la mañana siguiente ella golpeó a la puerta de mi cuarto en el hotel con dos tests de embarazo en sus manos. (¡Sabía que yo necesitaría de dos pruebas para convencerme!)

Sorprendida por la noticia, llamé a Steve inmediatamente y él me respondió diciendo: «No se lo digas a nadie por si es que perdemos este bebé también». De pronto el temor me robó el gozo, y no pude encontrar mi fe por ningún lado. Sabía que mi amado marido solo intentaba protegerme de un dolor mayor, ¡pero yo deseaba comunicárselo a *todos*! ¡Alabado sea Dios que el Espíritu del Señor se levantó dentro de Steve! Entonces volvió corriendo al cuarto del hotel y me dijo con audacia: «¡Cuéntaselo a todos los que puedas para que oren y podamos tener a nuestra hijita!» Estábamos en el lugar indicado para pedir oración, porque esa feria atraía a unos seis mil cristianos. Entonces, más tarde, cuando me hicieron una entrevista, yo transmití la noticia de mi embarazo, ¡y la conductora del programa le pidió a toda la audiencia de la nación que orara por nuestra preciosa niña! Alabo a Dios por la cobertura de oración, porque pudimos darle la bienvenida a la familia a nuestra hijita el 23 de octubre de 1999. Aún cuando interferí en el camino del Señor, él me concedió el deseo de mi corazón.

A la luz de mi propia experiencia, deseo alentarte a pedirle a Dios que te conceda el deseo de tu corazón, o que cambie tu corazón de acuerdo con su perfecta voluntad. Conocí a una mujer mayor que nunca recibió la hija que deseaba tanto. En lugar de eso, tuvo tres varones. Sin embargo, cuando esos muchachos crecieron y se casaron, se convirtieron en tres maravillosos maridos cristianos y cada uno de ellos tuvo tres niñas. Dios no le dio a esta mujer que oraba la hija que deseaba, pero le dio nueve nietas y ella disfruta de cada minuto que pasa con las niñas. ¡Pero que también disfruta de devolverlas a su casa luego! Oremos:

Oración de su princesa

Amado Jesús, mi Príncipe de paz:

Perdóname por no confiar en ti. Recuérdame que tú siempre eres fiel en cumplir tus promesas. ¿Cómo podría dudar de aquel que dio su propia vida por mí? Sin embargo, con frecuencia lo hago. Enséñame a confiar en cada una de tus palabras. Recuérdame tu gran fidelidad para conmigo, y ayúdame a nunca dejar de creer que tú siempre sabes lo que es más conveniente para mi, y que tu voluntad es siempre mucho mejor que mi propio camino.

En tu nombre lo pido, amén.

Tu fidelidad permanece para siempre;
estableciste la tierra, y quedó firme.

Salmo 119:90

RÍNDELE CUENTAS A ALGUIEN

El que atiende a la crítica edificante habitará entre los sabios. Rechazar la corrección es despreciarse a sí mismo; atender a la reprensión es ganar entendimiento.

Proverbios 15:31-32

Proverbios nos advierte acerca de que el orgullo puede en realidad destruirnos. El orgullo viene antes de la destrucción y el espíritu altanero aparece antes de la caída (Proverbios 16:18). El orgullo puede ser aquello que no permite que nadie nos pida cuentas con respecto a si estamos viviendo de una manera que honra a Dios. Se necesita humildad para permitir que alguien vea nuestras debilidades y que luego nos pida cuentas acerca de la manera en que tratamos con ellas. Pero no permitas que el temor a lo que pueda pensar la gente sobre tus flaquezas te impida lograr el control sobre ti que estás necesitando. Esas personas a las que intentas impresionar no tendrán ninguna importancia cuando debas responder delante de tu Rey por tus acciones aquí en la tierra.

Muchas de nosotras, sin embargo, nos preocupamos más por nuestra imagen que por vivir una vida recta que glorifique a nuestro Rey. Más bien preferimos guardar en secreto y bien escondidos los pecados y fingir que somos perfectos en lugar de admitir nuestras debilidades. Semejantes intentos de esconder los pecados nunca funcionan. En lugar de eso, las cosas que mantenemos ocultas pueden salir a la luz de maneras muy destructivas y aun acabar arruinando nuestro testimonio cristiano. Escribo esto por experiencia personal, y estoy muy agradecida a Dios por haber puesto en mi camino amigos firmes y fieles cuando yo marchaba hacia la destrucción. Esas personas demostraron ser verdaderos amigos: no tuvieron temor de demandarme que me alejara de una aventura sentimental a la que estaba expuesta, y tampoco de pedirme que les rindiera cuentas en cuanto a hacerlo. Mi pecado pudo haber acabado en una total devastación de mi familia, mi ministerio y mi testimonio por Cristo. Si tú y yo pensamos orgullosamente que no podemos caer o que nunca lo haremos, nos estamos preparando para el fracaso.

Una razón por la que el rey David cayó en pecado fue porque no estaba en el lugar en el que debía estar. Aún más, en ese momento no tenía nadie que le recordara sus obligaciones como rey elegido y ungido por Dios. Solo después de pecar David fue confrontado por el profeta Natán, cuando ya había caído, y Dios usó esa confrontación para hacer volver a David a la senda de justicia y para ayudarlo a permanecer comprometido con el llamado de Dios sobre su vida.

No importa cuánto ames al Señor, puedes caer con tanta fuerza y llegar tan lejos como el rey David. No estamos hechas para recorrer solas nuestro camino cristiano. Yo solía pensar que nunca caería porque sentía una pasión muy grande por mi ministerio. Sin embargo, estaba equivocada, como pudieron leer anteriormente. Hoy me rodeo de varios compañeros ante los que rindo cuentas. Tengo ocho hombres y mujeres que forman parte de la junta de nuestro ministerio y me aconsejan. Otra persona me pide cuentas por mis problemas alimentarios, y otra me ayuda a mantenerme centrada en mi principal ministerio, en el que es prioritario: mi marido y mis hijos.

Ahora bien, tal vez les parezca que soy una mentecata espiritualmente hablando, con un montón de gente que me ayuda a vivir mi fe, pero yo prefiero parecer débil ante los ojos de otros y mantenerme firme hasta el final para mi Rey.

- La REINA ESTER tenía a Mardoqueo para ayudarla a cumplir con el llamado de Dios para su vida.
- MOISÉS tenía a su hermano Aarón a su lado, quien en un comienzo aún habla ba por él.
- El REY DAVID tenía a Jonatán para alentarlo.
- MARÍA tuvo a José a su lado mientras llevó en su vientre al Rey del mundo.

LA SABIDURÍA DE SU PRINCESA

La persona a la que tú le permitas conocerte íntimamente jugará un rol fundamental en tu vida. Pero antes de que le hagas conocer tus secretos a alguien, quiero alertarte para que elijas con sabiduría y para que busques las siguientes características en las posibles candidatas. No le pidas a nadie que ejerza un control sobre ti si no puedes responder que sí a todas las siguientes preguntas sobre esa persona.

1. ¿Esa persona camina con Dios de una manera firme y sostenida?
2. ¿Te ama lo bastante como para ser absolutamente sincera contigo?
3. ¿Puedes confiar en que mantendrá tus asuntos personales en privado?
4. ¿Tomará esta candidata en serio la tarea de pedirte cuentas?
5. ¿Te sientes cómoda al ser sincera y transparente con ella?
6. ¿Esta compañera en la fe orará con continuidad por ti?
7. ¿Se hará un tiempo esta persona para llamarte o encontrarse contigo una vez a la semana para mantenerse al tanto de lo que tú haces?

No te desanimes si no puedes pensar en alguna persona que pueda ayudarte pidiéndote que le rindas cuentas. En lugar de eso, continúa orando y pidiéndole a tu Príncipe que te provea la persona que él sabe que necesitas para cumplir con tu llamado como integrante de la realeza. Recuerda que él desea que tú permanezcas cerca de él y que estés lista para su regreso. Así que puedes saber que si se lo pides, él te dará esa compañera ante la cual rendir cuentas en su perfecto tiempo. Mientras tanto, mantente dentro de un pequeño grupo en tu iglesia.

Oración de su princesa

Amado Señor:

Por favor, envíame la persona apropiada y señalada por ti, a la cual pueda rendirle cuenta de mis actos. Permíteme ser sincera con esa persona con respecto a mis metas y sueños, a mis tentaciones y debilidades, a mis pecados y temores. Confío en que me ayudarás a acabar firme la carrera de la fe y a encontrar la persona que se adecue perfectamente a lo que yo necesito para caminar con fidelidad hacia ti.

En el nombre de Jesús, amén.

MANTENTE DISPONIBLE

Todo tiene su momento oportuno; hay un tiempo oportuno para todo lo que se hace bajo el cielo.
Eclesiastés 3:1

Es necesario hacer muchas cosas para preparar un banquete de bodas, y debemos tener cuidado de planear todos los detalles de un modo ordenado. Si intentamos *estar* en todo al mismo tiempo y *hacerlo* todo a la vez, nos vamos a sobrecargar y a perder el gozo de prepararnos para el gran día. Hay algo que nuestro Príncipe no requiere de nosotros y es que nos convirtamos en novias desgastadas, agotadas, extenuadas.

Lo primero y más importante: tú y yo simplemente tenemos que estar disponibles para nuestro Príncipe, y eso significa ser capaces de «mantenernos en quietud» para poder oírlo cuando nos habla. Pide a Dios la sabiduría para descubrir aquello para lo que él quiere que estés disponible durante esta época de tu vida.

Mantenerte disponible significa estar en el lugar en el que resultas más eficaz y donde más te necesitan, de acuerdo con la época de la vida por la que atravieses. Nuestro ministerio como la esposa elegida por el Rey se desarrolla dondequiera que estemos, donde él nos haya colocado.

Recuerda que activismo no es igual a lograr éxito en nuestra vida espiritual. Si algo nos priva de todo lo que deseamos ser y nos roba el tiempo que necesitamos pasar con nuestro Señor, leyendo su Palabra y orando, eso es el activismo.

El activismo no equivale a alcanzar éxito en nuestra vida espiritual.

LA SABIDURÍA DE SU PRINCESA

- SI ESTÁS RECIEN CASADA, estar disponible para conocer a tu nuevo marido es la mejor inversión que puedes hacer en bien de tu matrimonio. Estar casada es muy diferente de estar de novia. Muchas parejas comprometidas cometen el error de pensar que la boda es la meta de su relación. Esta manera de pensar prepara el terreno para la decepción y para el fracaso de la relación. En cambio, para poder disfrutar de la alegría y el éxito que tienen que ver con cumplir el propósito del matrimonio, o sea llegar a ser uno, necesitamos descubrir las necesidades y deseos de nuestro cónyuge.

Ese es el ministerio al que Dios quiere que te dediques. Si algo interfiere en la relación con tu marido (actividades de la iglesia, aficiones, gimnasia, metas, trabajo, y aún la familia o los amigos), entonces tendrás que revisar tus prioridades y determinar en oración en qué invertir la mayor parte de tus energías y dedicación. Ten en cuenta que acabas de prometer que compartirás la vida con esa persona tan especial, ¡así que compártela!

SI RECIÉN TE HAS CONVERTIDO EN MAMÁ, esa es una época para adaptarte a la maternidad, lo que implica poder descansar cada vez que tengas la oportunidad. La Palabra nos dice que los hijos son un don del Señor (Salmos 127:3), pero pueden parecernos más una carga que una bendición si estamos demasiado ocupadas y demasiado cansadas. Mencioné con anterioridad que Dios me sorprendió, dándome una hija cuando cumplí los cuarenta. Lo que no dije es que cuando quedé embarazada mi ministerio como escritora y oradora estaba en crecimiento. Hablaba a más de cuarenta mil mujeres al año, y mis libros estaban en la lista de los más vendidos. Tenía programadas conferencias para mujeres durante dos años, y acababa de firmar un contrato por cinco libros con Multnomah Publishers. Parecía un momento extraño para que Dios finalmente respondiera mis oraciones en las que le pedía una bebé. ¿Por qué entrar de nuevo en la «etapa de los bebés»? Entendí que esta era la forma que tenía el Señor de decirme que el ministerio fuera de mi hogar llegaba a su fin. Así que cancelé todo lo que pude, a fin de estar disponible cuando Emily llegara.

Ahora ya hace años que estoy en mi hogar a tiempo completo. Me sentí un poco solitaria y deprimida mientras esperaba que ella llegara. Aunque deseaba mucho ser madre de mi preciosa hija, me había olvidado de los sacrificios que debería hacer por causa de esta nueva bebé. Pero mi corazón cambió completamente luego del nacimiento de Emily, que no pudo respirar por sí misma durante casi diez minutos. Yo estaba dispuesta a abandonar todo solo por verla vivir. Y vivió, y yo me acomodé otra vez a la vida que implica esa etapa de los bebés. Ahora, cinco años después, Dios ha resucitado mi ministerio como oradora y escritora, pero tengo mucho cuidado de limitar mi agenda de ministerio externo para asegurarme de que Jake y Emily sepan, sin siquiera dudarlo, que mi ministerio hacia ellos está en primer lugar.

SI TIENES PADRES ANCIANOS A CARGO, esta es una época en la que debes estar disponible para ellos. Honramos a Dios cuando honramos a nuestros padres ocupándonos de ellos. Algún día, cuando seamos ancianos, tal vez necesitemos que nuestros hijos nos cuiden a nosotros. Las elecciones que hagamos con respecto a ocuparnos de nuestros padres sentarán un precedente para nuestros hijos. También debemos tener en cuenta que los ancianos son la gente más sabia sobre la tierra. Han tenido una educación más dura y prolongada que los demás, que les ha sido dada *por la vida misma*. Así que el tiempo que pasemos con nuestros padres puede representar una tutoría para nosotros, si les damos la oportunidad de transmitirnos lo que han aprendido. Esta generación está perdiendo una gran riqueza de sabiduría por tener en cuenta a los ancianos cada vez menos.

SI ESTÁS AGOTADA O ENFERMA, esta es una época para descansar y recuperar tu salud y el ánimo. Dedica tiempo a descansar y por ninguna razón te sientas culpable. La culpa no proviene de Dios. Pero la enfermedad y el agotamiento pueden ser su manera de lograr que nos detengamos y nos tomemos el tiempo necesario para sanarnos física, emocional y aun espiritualmente. Aprendí esa lección por el camino más difícil, cuando me desmayé mientras hablaba delante de una gran audiencia. De más está decir que no había prestado atención a las advertencias de nuestro Señor en cuanto a descansar, o por lo menos a bajar el ritmo, pero bajarlo bastante. Necesitamos respetar los límites que nos establecen nuestro cuerpo y nuestra mente. Si el Señor nos indica que debemos acostarnos, ¡es porque lo necesitamos! Si no lo hacemos, podemos llegar a experimentar una muerte temprana, y no me refiero necesariamente a la muerte física. El agotamiento puede implicar la muerte de un ministerio, o el fin de algunas relaciones fructíferas.

SI ATRAVIESAS POR UNA CRISIS, es tiempo de que abandones toda responsabilidad de la que puedas deshacerte, para alejarte de todos los compromisos en los que no eres absolutamente necesaria. «La vida simplemente sucede», y nosotras necesitamos estar disponibles en el sitio en el que más se nos necesita.

Nuestro Príncipe nunca nos dará más de lo que podemos manejar, pero nosotras podemos asumir mucho más de lo que él nos requiere. Así que cuando estés en crisis, pregúntale a tu Rey qué es lo que él quiere que hagas. Durante los tiempos difíciles, pregúntale qué está tratando de mostrarte y decirte. Luego escribe todo lo que él le revele a tu espíritu, de modo que puedas recordar sus palabras, y tomarte de él.

Creo que si el Señor te escribiera una carta con respecto a tu disponibilidad, te diría algo así:

Carta de amor a su princesa

Mi princesa:

Entrégame tus planes. Yo sé que tienes ideas en tu mente acerca de cómo deberían desarrollarse las cosas en tu vida. Aún tienes tus planes para este mismo día. Pero, porque te amo, necesito que me entregues todos tus proyectos para hoy, y para todos los mañanas. Recuerda, amada, que mis caminos no son los tuyos. Si me das la oportunidad, te mostraré la forma en que quiero que pases tus días. He programado las diferentes etapas de la vida con diferentes propósitos. Sé que tu corazón anhela hacer muchas cosas. Pero si estás disponible para mí, yo haré por ti más de lo que jamás podrías hacer por ti misma.

Con amor,

Tu Rey, que siempre está disponible para ti

El Señor afirma los pasos del hombre
cuando le agrada su modo de vivir.
Salmo 37:23

LOGRA UNA PERSPECTIVA ETERNA

Así que no nos fijamos en lo visible,
sino en lo invisible, ya que lo que se ve es pasajero,
mientras que lo que no se ve es eterno.
2 Corintios 4:18

Nuestro Príncipe nos rescatará de los problemas de este mundo, pero la cuestión es que la vida puede golpearnos de un modo extremadamente duro a veces. En esos momentos, la esperanza del cielo es lo único a lo que podemos aferrarnos, y a pesar de que no nos guste, es todo lo que necesitamos. Podremos dejar nuestra huella para toda la eternidad mientras estemos aquí, si nos enfocamos en la esperanza de las buenas cosas que vendrán cuando finalmente lleguemos a nuestro hogar, y nos arrojemos en sus amorosos brazos.

Nunca descubriremos que realmente
nuestro Dios es todo lo que
necesitamos hasta que él sea
lo único a lo que nos aferramos.

Ha habido épocas en nuestra vida en las que nos hemos preguntado cómo atravesar las situaciones difíciles o el sufrimiento. Aún nuestro Príncipe clamó a su Padre en el cielo, diciendo: «Dios mío, Dios mío, ¿por qué me has desamparado?» (Mateo 27:46). Pero mantuvo sus ojos en su Padre y en el propósito eterno del Padre. Si nuestro Salvador no hubiera tenido sus ojos fijos en la eternidad, nunca hubiéramos llegado a «ser felices para siempre». ¡Gracias, Jesús! Su muerte en la cruz nos da esperanzas para el futuro y también para el presente.

Yo he estado en el ministerio durante varios años, y la historia de muchas personas me ha llevado a preguntarme dónde estaba Dios durante el sufrimiento de ellos, y de qué modo pudieron encontrar esperanza en medio de la oscuridad. Hay una historia en particular que ha quedado grabada en mi memoria. Recibí un llamado telefónico de una enfermera que cuidaba a una paciente con SIDA llamada Cindy. La enfermera me dijo que Cindy había estado leyendo uno de mis libros y deseaba hablarme acerca de Dios antes de morir. Como siento pasión por tener la oportunidad de conducir a alguien al Señor, le dije: «Por supuesto. ¡Llamaré a Cindy!»

Pero la enfermera intentó ponerle un freno a mi entusiasmo cuando me describió por correo electrónico la situación con la que iba a encontrarme. No entraré en los detalles de la vida de Cindy, pero diré que es la peor historia de abusos por parte de varones que jamás haya escuchado, y ahora estaba a punto de morir a causa del pecado de ellos. Sentí mucho temor de llamar a Cindy. Le dije al Señor que no podía decirle que él era un Dios bueno, y me sentí paralizada e imposibilitada de orar luego de escuchar su tristísima historia. Así que les pedí a otras personas que oraran por mí.

Luego de cinco días de luchar con Dios en mi espíritu, y de recibir mensajes urgentes y ruegos por parte de la enfermera de Cindy, finalmente tomé el teléfono y llamé al hospital donde estaba. Cindy respondió, y Dios me dio estas palabras de verdad eterna:

> *Cindy, sé que los hombres te han hecho cosas horribles, y sé que muchos de ellos se llamaban cristianos. ¡Pero no actuaron como si fueran pueblo de Dios! Te ruego que no permitas que estos hombres impidan que entres a un lugar en el que tu Padre celestial enjugará cada una de las lágrimas que has llorado. Pídele a Jesús que entre a tu corazón, y perdona a esos hombres, y te prometo que estarás en un lugar donde nadie jamás volverá a lastimarte. Estarás en los brazos del mismo Dios que murió por ti y que anhela pasar la eternidad contigo.*

Cindy cortó la comunicación, y yo quedé devastada, hasta una semana después, en que recibí el llamado de su enfermera. Me contó que Cindy le había pedido a Jesús que entrara en su corazón y le había pedido a la enfermera que me dijera que me vería en el cielo.

- Fue el tener una perspectiva eterna lo que me dio el valor de llamar a Cindy y hablarle del cielo.
- Fue una perspectiva eterna lo que le dio a Cindy el deseo de perdonar a esos hombres y le permitió a su Príncipe, al que recién conocía, llevarla a su hogar.

Vivimos en un mundo caído, y lamentablemente, mucha gente inocente sufre a causa de los pecados de otros. El sufrimiento forma parte inevitable de esta vida, pero siendo la novia elegida por el Rey, no podemos quitar nuestros ojos de la perspectiva eterna. Nosotras, sus elegidas, somos las únicas que podemos comunicarle al mundo las buenas nuevas con respecto a Jesús y a la vida eterna, las buenas nuevas de la esperanza que tenemos en nuestro Rey.

Nuestro Príncipe está preparándonos un hogar en los cielos, y no hay ojo que haya visto, ni oído que haya oído, ni mente que haya imaginado las cosas que él está preparando para aquellos que lo aman (1 Corintios 2:9). ¡Definitivamente no estamos en nuestro hogar todavía! Y todas tenemos alrededor de nosotras gente que necesita al Salvador, así que debemos pelear la buena batalla, como lo hizo Pablo, y cumplir con nuestro llamado como miembros de la realeza, como lo hizo la reina Ester, hasta el tiempo en que nuestro Señor nos rescate.

Recordemos esta verdad: Aunque nunca recibamos una bendición terrenal mientras estemos aquí, aún así tenemos todo lo que necesitamos, y más, porque:

- Tenemos vida eterna.
- Tenemos una esperanza eterna.
- Tenemos paz en nuestra mente y en nuestro espíritu.
- Tenemos el poder de Dios dentro de nosotras.
- Tenemos un hogar que nos espera en el cielo.
- Tenemos un verdadero Príncipe que pronto viene.
- Vamos a vivir felices para siempre cuan do esta vida acabe.

No conocemos cuál es el momento o la fecha de nuestra boda con el Príncipe. Pero sabemos que él viene, y que desea que estemos listas para su regreso.

Mi oración por ti, al terminar este tiempo juntas, es esta:

Oración por su princesa

Mi amada princesa:

Deseo que nunca más dudes acerca de lo mucho que te ama tu Príncipe y de lo importante que eres dentro del plan eterno de nuestro Rey. También oro para que tu Príncipe ponga en tu alma una pasión tan intensa que te dé el valor para asumir tu posición de realeza, y una profunda convicción para que vivas osadamente como la princesa que él te ha destinado a ser.

En el nombre de Jesús te levanto hacia el cielo y oro por ti, amén.

Carta de amor a su princesa

Mi princesa, tu comienzas y acabas en mí. No tienes que preocuparte acerca de cuándo terminará tu vida, mi preciosa hija. Todo lo que necesitas saber es que tu primer aliento comenzó conmigo, y que tu último suspiro te conducirá a mi presencia. No permitas que el temor a la muerte o a la eternidad te aterrorice. Tu hoy y todos tus mañanas están seguros en mí; los he tenido en mis manos desde antes que nacieras. Cuando acabes tu corto tiempo acá sobre la tierra y yo te llame a mi presencia, comenzará una vida sin final en el cielo. Pero por ahora, mi amada a quien elegí, debes vivir libre de temor. En lugar de temer, confía en mí para ayudarte a atravesar cada prueba con que te encuentres en el camino. Recuerda que nada en el universo nos puede separar. Yo estoy contigo siempre, hasta el fin de los tiempos. Así que vive bien y acaba tu carrera con fortaleza, colocando tu esperanza en el día en que nos encontremos cara a cara del otro lado de la eternidad.

Con amor,
Tu Rey eterno

Si nunca llegamos a conocernos en esta vida, quiero que sepas que espero poder celebrar contigo por toda la eternidad. Hasta entonces, ¡preparémonos para su glorioso regreso!

Con amor,
Tu hermana, una princesa en Cristo
Sheri Rose Shepherd

¡Alegrémonos y regocijémonos y démosle gloria!
Ya ha llegado el día de las bodas del Cordero.
Su novia se ha preparado.
APOCALIPSIS 19:7

Acerca de la autora

Sheri Rose Shepherd ha sido una oradora con mensajes de inspiración, y una maestra de la Biblia durante quince años. También la oradora clave en las conferencias de las Women of Virtue [Mujeres de Virtud] y la portavoz nacional del Teen Challenge [Desafío Adolescente] desde 1994 a 1998. Sheri Rose tiene el don de transmitir a todas las generaciones una perspectiva eterna para sus vidas. Ella comunica con total transparencia la forma en que Dios la sacó de su hogar, dentro de una familia judía disfuncional, relacionada con «Hollywood», y de una vida de drogas, depresiones y desórdenes alimentarios, para convertirla en una hija del Rey. Su estilo de oratoria es cálido, basado en las verdades bíblicas, y con un toque de humor.

La ex Señora Estados Unidos no habla de logros terrenales, sino que hace referencia a la corona de la vida. Nos lleva de regreso a la verdad acerca de quiénes somos, a la manera en que somos amadas, y a la razón por la que estamos aquí. A pesar de haber tenido que luchar con la dislexia, ha escrito varios libros, entre los que figura *Life Is Not a Dress Rehersal* [La vida no es un ensayo general].

La historia de su vida ha aparecido en revistas de circulación nacional y en programas de televisión como *Inside Edition y Lifetime Television for Women.* Su mensaje sobre convertirnos en princesas está programado para salir al aire en una transmisión de Focus on the Family [Enfoque a la familia].

Disfrute de otras publicaciones de Editorial Vida

Desde 1946, Editorial Vida es fiel amiga del pueblo hispano a través de la mejor literatura evangélica. Editorial Vida publica libros prácticos y de sólidas doctrinas que enriquecen el caudal de conocimiento de sus lectores.

Nuestras Biblias de Estudio poseen características que ayudan al lector a crecer en el conocimiento de las Sagradas Escrituras y a comprenderlas mejor. Vida Nueva es el más completo y actualizado plan de estudio de Escuela Dominical y el mejor recurso educativo en español. Además, nuestra serie de grabaciones de alabanzas y adoración, Vida Music renueva su espíritu y llena su alma de gratitud a Dios.

En las siguientes páginas se describen otras excelentes publicaciones producidas especialmente para usted. Adquiera productos de Editorial Vida en su librería cristiana más cercana.

Tu Rey te escucha y te espera...

Un libro de regalo creado para ayudar a que las mujeres se vinculen de forma íntima con su Dios. El primer libro de la serie *Su Princesa*™ nos recordaba que nuestro Rey nos ama de un modo íntimo e incondicional. Este segundo libro nos ayudará a expresar nuestros más hondos pensamientos, deseos, temores y fracasos. Las mujeres cristianas podrán tener una vida de oración personal y dinámica.

Un libro devocional para regalar y que mamá también considerará un tesoro

Bríndate el regalo de escuchar su voz hablándote directamente en estas cartas de amor de tu Rey, basadas en las Escrituras. Permite que tu alma se empape de su amor a medida que cada carta te recuerda QUIÉN eres, POR QUÉ estás aquí y CUÁNTO te ama él.

Tengo muchos libros devocionales, y muy pocos me han llegado tan profundamente en medio del ritual matutino de mi tiempo de quietud. Pero desde el primer día en que comencé a leer Su princesa supe que este era el libro que quería leer cada día. Alentador y perspicaz, este libro me recuerda lo especial que soy para mi Señor. ¡Me encanta!

—Tricia Goyer, amazon.com reviewer

Mujeres que hacen demasiado

Mujeres que hacen demasiado enseña a la mujer que hace demasiado la manera de hacer menos pero con eficiencia. Mediante este estudio, la autora, Patricia Sprinkle, le ayudará a determinar para qué la creó Dios, así como también le enseñará a enfocarse en cómo hacerlo. Además, le ofrece algunas pistas para lidiar con las exigencias de la vida diaria, y varios ejercicios al final de cada capítulo para reforzar lo aprendido.

Nos agradaría recibir noticias suyas.
Por favor, envíe sus comentarios sobre este libro
a la dirección que aparece a continuación.
Muchas gracias.

EDITORIAL VIDA
501 Nelson Place, Nashville, TN 37214

Vida@zondervan.com
http://www.editorialvida.com

www.ingramcontent.com/pod-product-compliance
Lightning Source LLC
LaVergne TN
LVHW030919080826
845145LV00013B/2966

* 9 7 8 0 8 2 9 7 7 6 1 2 6 *